Beck'sche Reihe
BsR 812
Aktuelle Länderkunden

Korea ist hierzulande weithin unbekannt. Dabei hat es wie Deutschland eine Mittellage, eine Brückenfunktion – im Falle Koreas zwischen China und Japan; und wie Deutschland ist auch Korea ein geteiltes Land. Die Landeskunde Korea möchte die unbekannte Halbinsel vorstellen, möchte dem allgemein interessierten Leser und Korea-Besucher die wichtigsten Hintergrundkenntnisse vermitteln, die eine bessere Bekanntschaft, vielleicht sogar eine Freundschaft entstehen lassen können. Die Geschichte des Landes, seine Kultur, seine Religion, seine Philosophie werden dabei ebenso kurz und verständlich vorgestellt wie die koreanische Küche und der Alltag der Koreaner. Ein Schwerpunkt des Buches liegt in der Darstellung und Analyse der wirtschaftlichen und politischen Entwicklungen in Korea seit dem Ende des Zweiten Weltkrieges und insbesondere des Koreakrieges, der die Teilung zwischen dem kommunistisch regierten Norden und dem westlich ausgerichteten Süden besiegelte. Daneben findet der Leser auch eine Fülle von praktischen Informationen, Tips und Hinweisen – zu den Olympischen Sommerspielen, zur koreanischen Sprache und Schrift, zu den wichtigsten Sehenswürdigkeiten. Die ideale Ergänzung zu einem Reiseführer für denjenigen, der etwas mehr über Korea wissen möchte.

Hanns W. Maull, Jahrgang 1947, studierte Politische Wissenschaft, Kommunikationswissenschaft und Neuere Geschichte in München und London. 1973 Promotion zum Dr.phil.; 1986 Habilitation zum Dr.habil.rer.pol. Seit Herbst 1987 Professor für Internationale Politik an der Katholischen Universität Eichstätt. Zahlreiche Buch- und Zeitschriftenpublikationen, u.a. zu Problemen Ostasiens.
Ivo M. Maull, Jahrgang 1956, studierte Wirtschafts- und Sozialwissenschaften, Koreanistik und Japanologie an der Universität München. 1982 Diplom-Volkswirt, 1985 Promotion zum Dr.rer.pol. Seit 1983 in einem führenden deutschen Konzern tätig. Mitglied der Association for Korean Studies in Europe, einem Zusammenschluß der Koreanisten in Europa. Zahlreiche Reisen nach Korea.

HANNS W. MAULL / IVO M. MAULL

Korea

VERLAG C.H.BECK MÜNCHEN

Mit 3 Karten und 6 Abbildungen
(Fotos 3, 4: Korean Overseas Information Service;
die übrigen: Maull)

CIP-Kurztitelaufnahme der Deutschen Bibliothek

Maull, Hanns:
Korea. / Hanns W. Maull ; Ivo M. Maull. – Orig.-Ausg. –
München : Beck, 1987
  (Beck'sche Reihe ; 812 : Aktuelle Länderkunden)
  ISBN 3-406-32281-6

NE: Maull, Ivo M.:; GT

Originalausgabe
ISBN 3 406 32281 6

Einbandentwurf von Uwe Göbel, München
Umschlagbild: Andreas M. Gross, München
© C. H. Beck'sche Verlagsbuchhandlung (Oscar Beck), München 1987
Gesamtherstellung: Appl, Wemding
Printed in Germany

Inhalt

Einleitung 9

I. Korea – ein verborgenes Land stellt sich vor ... 14
Geographische Lage – Klima – Flora und Fauna – Herkunft und Sprache der Koreaner

II. Geschichte und kulturelles Erbe 20

1. Urzeit und Frühgeschichte 20
Paläo- und Neolithikum – Der mythologische Ursprung Koreas – Das Reich Wiman und die Präfektur Lo-lang – Die koreanischen Stammesverbände

2. Die Zeit der drei Königreiche und der Einheitsstaat Silla 26
Zusammenschluß der koreanischen Stämme zu den Königreichen Koguryŏ, Paekche und Silla – Der Aufstieg des Königreichs Koguryŏ – Der Untergang Koguryŏs – Der Einheitsstaat Silla

3. Das koreanische Mittelalter 32
Die Koryŏ-Dynastie (918–1392) – Die Yi-Dynastie (1392–1910)

4. Die Neuzeit 37
Korea zwischen China, Japan und Rußland – Korea als japanische Kolonie (1910–1945) – Überfall im Morgengrauen: Der Koreakrieg

III. Die politische Entwicklung Südkoreas nach 1953   48

   1. Der Fall der Ersten Republik: 1960   51
   Yi Sungman – Der Verfall der Ersten Republik – Studentenunruhen

   2. Ein demokratisches Zwischenspiel   54
   Schwächen der Zweiten Republik: Zersplitterung der politischen Kräfte – Mangelnde politische Unterstützung der Bevölkerung – Der Militärputsch

   3. Die Ära Park: Das Militär übernimmt die Macht .   56
   Die Ermordung Parks 1979 – Der Hintergrund: Bilanz der Ära Park – Neuordnung der Innenpolitik – Normalisierung der Beziehungen zu Japan – Wahlen – Die Yusin-Reformen: Der Weg in die Alleinherrschaft

   4. Von der Vierten zur Fünften Republik   65
   Demokratisierungsbemühungen nach dem Tod Parks – Machtkämpfe in der Armee – Die Krise: Ausnahmezustand, Kwangju-Repression und Konsolidierung der Militärherrschaft unter Chŏn – Dialogversuche mit dem Norden – Die Ära Chŏn: Eine Zwischenbilanz

   5. Auf dem Weg in eine Sechste Republik?   69
   Die Opposition formiert sich – Studentenunruhen und Wahlen – Der Kampf um eine Verfassungsreform

IV. Wirtschaftliche Entwicklung und sozialer
Wandel Südkoreas nach 1953   73

   1. Der Aufstieg Südkoreas zur Industrienation   73
   Motivation für die Wirtschaft: Entwicklungspläne 1962–1986 – Die Entwicklung der Landwirtschaft: Vom Reislieferanten Japans zur „Neues Dorf"-Bewegung – Die Industrie: Rückgrat des südkoreanischen Entwicklungswegs – Vom Handwerksbetrieb zum multinationalen Familienkonzern: Die Erfolgsgeschichte der „Chaebol" – Die Exporte: Der Motor der siebziger Jahre – Die Auslandsverschuldung Südkoreas: Wirklich „kein Problem"?

2. *Widersprüche einer Gesellschaft im Wandel* 88
Wirtschaftlicher Wohlstand, politische Armut? – Auf der Suche nach einer Synthese zwischen Tradition und Modernität – Umweltzerstörung: Alte Fehler neu begangen? – Wohlstand für alle? Wer partizipiert am Entwicklungserfolg?

V. Geistige Fundamente der weltlichen Dynamik .. 94

1. *Korea – das konfuzianischste Land Asiens?* 94
Leben und Lehre von Konfuzius – Der Konfuzianismus in Korea – Die Bedeutung des Konfuzianismus für das heutige Korea

2. *Buddhismus – noch die größte Religion in Korea* . 99
Geschichte des Buddhismus in Korea – Buddhas Weg zur Erleuchtung – Die Lehre Buddhas – Zwei buddhistische Schulen: Hinayana und Mahayana

3. *Das Christentum – die heimliche Opposition?* ... 105

4. *Schamanismus und Volksglaube – auch in der Industriegesellschaft haben sie ihren Platz* 109

VI. Einblicke in die koreanische Lebenskultur 112
Das traditionelle koreanische Haus – Hanbok: die Nationaltracht – Die koreanische Familie – Nachbarschaft: Geselligkeit, soziale Sicherung und Sparen – Reis und Kimch'i: Die koreanische Küche – Tabang, Ch'achip, Sulchip: Ein Streifzug durch die koreanische Gastlichkeit – Einige Verhaltensregeln für den Ausländer – Festtage und Bräuche – Volkskunst und Kunsthandwerk

VII. Sport: Olympisches und Nicht-Olympisches ... 132
Die Olympiade für Seoul: Eine riskante Entscheidung – Die Spiele der kurzen Wege – Perfekte Planung, politische Komplikationen – Politik und Olympische Spiele in der Vergangenheit – Koreanische Sporttraditionen

VIII. Das andere Korea: Politische, wirtschaftliche und soziale Entwicklung der Demokratischen Volksrepublik Korea seit 1953 140

1. Kim Ilsŏng – Mythos oder Trauma? 140
2. Der nordkoreanische Kommunismus 142
Fraktionskämpfe – Chuch'e-Ideologie: Nationale Unabhängigkeit, Autarkie und self-reliance

3. Wirtschaftliche Entwicklung der Demokratischen Volksrepublik Korea 147

4. Gesellschaft und Lebensverhältnisse 151

5. Zwei offene Fragen: Wiedervereinigung und die Nachfolge Kim Ilsŏngs 153

Anhang 157
Einige ausgewählte touristische Ziele – Sprachhinweise für den Touristen – Die beiden koreanischen Staaten im Zahlenspiegel – Literaturhinweise – Karte von Korea

Einleitung

Korea. Vor Ihrem ersten Besuch fallen Ihnen vielleicht vor allem Stereotypen ein wie diese: „Das Land der Morgenstille" (korrekt übersetzt müßte diese Eindeutschung der alten chinesischen Bezeichnung für Korea übrigens „Land der Morgenfrische" heißen!), „Die Brücke zwischen China und Japan", „Die Wiege einer eigenen reichen Kulturnation", in der Buddhismus und Konfuzianismus unter dem Einfluß des Reichs der Mitte blühten und schöpferisch vorangetrieben wurden. „Koreanische Kunst", die Arbeiten koreanischer Töpfer, die in Japan so begehrt und hochgeschätzt wurden, daß riesige Vermögen für schlichte Teegefäße gezahlt und ganze Familien koreanischer Töpfer nach Japan entführt wurden.

Wenn Sie eher praktisch oder politisch interessiert sind, kennen Sie wahrscheinlich das Warenzeichen „Made in Korea": Tennisschuhe, Textilien, Computer; riesige Multis wie Samsung, Goldstar oder Hyundai. „Korea als das neue Japan des Pazifikbeckens", als aufstrebende Industrienation und gefürchteter Konkurrent. „Korea: Ein geteiltes Land". „Koreakrieg, 1950 bis 1953": Waffenstillstandslinie, kommunistischer Norden, pro-westlicher (demokratischer?) Süden.

Korea. Die erste Begegnung mit dem Land ist der Beginn eines Umdenkens. Die Wirklichkeit prallt auf Ihre Vor-Urteile, oft sogar recht hart. Mein erster Besuch in Südkorea kam nach einem Aufenthalt in Japan. Ich erwartete ein zweites Japan – und erlebte vom ersten Augenblick an ein völlig anderes Land, eine völlig andere Kultur, andere Menschen. Es beginnt im Straßenverkehr: Wo sich in Tokyo die Blechlawinen diszipliniert und sittsam durch die Innenstadt wälzen, herrscht in Seoul eher ein munteres bis barsches Gedränge auf der Suche nach dem kürzesten und schnellsten Weg zum Ziel. Wirkt Japan höflich-verschlossen, so fühlt sich Südkorea offen und hemdsärmelig an, hier wird nicht lange gefackelt, sondern angepackt.

Sicherlich ist in der Wirtschaft Koreas der Einfluß Japans als Vorbild allenthalben zu spüren. Südkoreas erste eigenproduzierte Autos glichen den japanischen Billigvehikeln der sechziger Jahre und liefen mit japanischen Motoren. Die Wirtschaftspolitik wird immer wieder nach japanischen Mustern gestrickt. Dennoch sind auch hier die Parallelen letztlich eher oberflächlich: Erscheint Japans Wirtschaftserfolg vor allem als das Ergebnis vorausschauender Planung und Erschließung von Weltmärkten, so ist Südkoreas Erfolg eher auf ein aggressiv-unternehmerisches Hineindrängen zurückzuführen. Die japanische Strategie setzte auf Marketing, auf das richtige Produkt zum richtigen Preis am richtigen Platz; die koreanische Industrie verläßt sich darauf, billiger und besser zu sein als die Konkurrenz. Das mußte reichen – und es reichte.

Südkorea – das ist heute vor allem ein Land „on the move". Die Spuren des rapiden Industrialisierungsprozesses sind überall zu sehen; in den großen Bevölkerungszentren haben sie sich tief eingegraben. Seoul explodierte seit 1960 von zweieinhalb auf zehn Millionen Einwohner, entwickelte sich von der Hauptstadt zur Metropole mit einer Skyline von imposanten Wolkenkratzern. „Immer voran" lautet bezeichnenderweise das Motto, unter dem Seoul die Vorbereitungen für die 24. Olympischen Sommerspiele 1988 vorantrieb; das Nahziel heißt: Olympiastadt. Daß bei dieser Gelegenheit Seoul nicht nur Tausende neuer Wohnungen, sondern auch eine umfassende Sanierung des Flusses Han und eine eindrucksvolle Erweiterung des Verkehrsnetzes erhielt, kommt der aus allen Nähten platzenden Metropolis nur zugute. Immer neue, immer höhere wirtschaftliche Ziele gibt sich Südkorea vor – um die ehrgeizig hoch angesetzte Latte dann scheinbar mühelos zu überspringen. In Wahrheit freilich reiht sich da Kraftakt an Kraftakt. 1988 ist es Olympia, im nächsten Jahr vielleicht die Überrundung Japans in diesem oder jenem Produktbereich.

Hinter diesen beispiellosen Kraftakten steckt neben einem

1 Das Daehan Life Insurance Building in Seoul – das höchste Gebäude Asiens und ein Symbol des Wirtschaftserfolges Südkoreas

ungeheuren Nationalstolz auch ein gehöriger Schuß Angst: Angst vor der Armut und Unterentwicklung der Nachkriegszeit, Angst vor dem unberechenbaren Bruderland im Norden, Angst vielleicht auch vor der eisernen Disziplin, mit der das Militär Südkorea seit Beginn der sechziger Jahre auf dem Wachstumspfad voranstieß. Die äußere Bedrohung bedingt und rechtfertigt die innere Disziplinierung, und so wenig erfreulich sie dem Besucher erscheinen mag, sie ist nicht völlig ohne Grund.

Mit einem Ausflugsbus erreichen Sie von Seoul in einer knappen Stunde die entmilitarisierte Zone, die seit dem Ende des Koreakrieges den Norden Koreas vom Süden trennt. Der Bus fährt dabei durch zahlreiche Panzersperren und Kontrollpunkte in eine malerische, immer stillere und einsame Landschaft, bis er dann schließlich den Grenzfluß überquert, jenseits dessen die Zone beginnt. Das Ziel der Fahrt ist Panmunjŏm, das Waffenstillstandsdorf, in dem sich der Norden und der Süden (bzw. seine amerikanischen Verbündeten) tagtäglich Auge in Auge gegenüberstehen. Dieser Besuch ist ein bizarres Erlebnis: Die Mahnungen und Warnungen des amerikanischen Begleitoffiziers, die potemkinsche Fassade eines prachtvollen, aber kaum mehr als einen Meter tiefen Gebäudes auf nordkoreanischer Seite, die Silhouette eines nordkoreanischen Dorfes in wenigen Kilometern Entfernung, aus dem ständig pompöse Musik und Propaganda nach Süden rieseln, der Wettkampf um den höheren Flaggenmast und die größere Fahne, den sich die beiden Koreas lieferten, bis Masten und Fahnen absurde Ausmaße annahmen: Man einigte sich schließlich stillschweigend darauf, daß Nordkorea den höheren Masten, Südkorea dagegen das größere Fahnentuch haben dürfe ...

Hinter den bizarren Aspekten dieses Besuchs wird freilich auch die Realität der Bedrohung sichtbar. Immer wieder kam es in Panmunjŏm zu Zwischenfällen; und nur wenige Kilometer entfernt lassen sich jene ausgedehnten Tunnelanlagen besichtigen, die Nordkorea unter der Waffenstillstandslinie in Richtung Süden trieb, um Agenten und Saboteure einzuschleusen, vielleicht sogar einen Überraschungsangriff zu führen. Die Gebiete auf beiden Seiten der entmilitarisierten Zone starren geradezu von Waffen – und diese Waffen werfen einen langen Schatten, der überall im Süden zu spüren ist.

Hinter Südkoreas rastlosem Vorandrängen steht also ein tiefes Trauma der Unsicherheit und Bedrohtheit. Beides wird der Besucher in vielerlei Gestalt immer wieder eindringlich zu spüren bekommen. Aber Südkorea ist weit mehr als die Dynamik seiner Wirtschaft und die Spannungen seiner politischen Situation. Kultur und Landschaft verfügen über Schätze von großer Schönheit und tiefem Frieden, und inmitten all der Hektik des modernen Lebens können Sie immer neue Inseln der Ruhe und der Tradition aufspüren. Der Lärm moderner Produktionsanlagen und die Schatten der politisch-militärischen Konfrontation mögen die stillen Reize des Landes überlagern; zerstören konnten sie sie noch nicht. Es lohnt sich, genauer hinzuhören und hinzusehen. Die folgenden Kapitel möchten Sie dazu einladen.

I. Korea – ein verborgenes Land stellt sich vor

Zwischen dem Reich der Mitte im Westen und dem Land der aufgehenden Sonne im Osten liegt Korea, das Land der Morgenfrische, das nicht nur in den Medien von seinen beiden mächtigen Nachbarn China und Japan verdrängt wird. Schlagzeilen macht das Land allenfalls mit Meldungen über seine atemberaubende Entwicklung oder mit Artikeln über politische Unruhen. Dennoch bringen Korea und Deutschland sich ein besonderes gegenseitiges Interesse entgegen. Dies mag nicht nur darauf zurückzuführen sein, daß beide Länder seit dem Zweiten Weltkrieg das Schicksal einer geteilten Nation zu ertragen haben, sondern auch auf viele Kontakte der Menschen beider Staaten untereinander, sei es durch die seit Mitte der sechziger Jahre in deutschen Krankenhäuser eingesetzten koreanischen Krankenschwestern, sei es durch die zahlreichen koreanischen Studenten an deutschen Hochschulen oder durch die Musik von I Sangyun, dem berühmten zeitgenössischen Komponisten, der heute in Berlin lebt. Vielleicht aber haben Sie auch auf der Straße oder in der U-Bahn einmal einen Asiaten danach gefragt, ob er Japaner sei, und daraufhin die pikierte Antwort erhalten: Nein, Koreaner!

Geographische Lage

Die Halbinsel Korea liegt im Herzen Ostasiens, nach Norden von China und der UdSSR durch die Flüsse Yalu und Tumen abgegrenzt, im Westen vom chinesischen Festland durch das Gelbe Meer und im Osten von Japan durch die Japanische See getrennt. Die kürzeste Distanz zu China und Japan beträgt jeweils rd. 200 km. Im Süden reicht Korea bis zur Insel Cheju (Quelpart). Bei einer Nord-Süd-Ausdehnung von rd. 1100 km mißt die Fläche des Landes 221 000 km² (davon Südkorea

99 000 km²), was ungefähr der Größe von Großbritannien entspricht.

Topographisch betrachtet sind rd. 70 Prozent der Fläche Koreas Gebirge; als Fortsetzung des mandschurisch-tungusischen Gebirgsbogens erstreckt sich eine Gebirgskette in Nord-Süd-Richtung bis zur Südspitze der Halbinsel. Der höchste Berg, der 2744 m hohe Paektusan, liegt im Grenzgebiet zu China, der zweithöchste, der inaktive Vulkan Hallasan (1950 m), auf der Insel Cheju. Ein zweiter Gebirgszug, die sogenannte Tungarionfurche, verläuft von Wŏnsan östlich in Richtung Seoul und teilt die Halbinsel in eine Nord- und Südhälfte. Während der Bogen der koreanischen Halbinsel nach Osten hin steil in die Japanische See abfällt, läuft er nach Westen relativ flach aus. Die koreanische Halbinsel bildet dadurch eine natürliche Grenze zwischen der maximal 90 m tiefen Flachsee des Gelben Meeres und der bis zu 4000 m tiefen Japanischen See. Aufgrund der geringen Tiefe des Gelben Meeres beträgt der Gezeitenhub an der koreanischen Westküste bis zu 10 m.

Klima

Der jahreszeitliche Wechsel des Klimas in Korea wird durch das Spiel kontinentaler mit maritimen Luftmassen geprägt.

Im Sommer, der etwa von Mitte Juni bis Mitte September dauert, strömen maritime Luftmassen weit nördlich und bescheren so ganz Korea ein ausgeprägt tropisches Klima mit relativ geringen Temperaturunterschieden. Die Durchschnittstemperatur liegt in Seoul bei 25° Celsius. In den Monaten Juni und Juli, der Regenzeit in Korea, bringen wandernde Tiefdruckwirbel starke Regenfälle mit sich, die bisweilen zu erheblichen Überschwemmungen führen.

Im September klingt die Schwüle dann allmählich ab, und mit dem Herbst, nach Ansicht der meisten Koreaner die schönste Jahreszeit auf der Halbinsel, stellen sich häufig stabile Schönwetterlagen ein, die nur ab und zu durch erste Kaltlufteinbrüche unterbrochen werden.

Je näher der Winter rückt, desto häufiger wechselt der Wintermonsun, der trockene, kontinentale Luftmassen mit sich bringt, mit dem tropischen Sommermonsun. Im Winter, der in Korea etwa im Dezember beginnt, kommt es zwischen dem Norden, der sich fest in den Klauen des Wintermonsuns befindet, und dem Süden, in dem ein häufiger Wechsel von frostigem mit milderem Wetter stattfindet, zu einem starken Klimakontrast. Die Durchschnittstemperaturen reichen dann von +6° Celsius in Pusan bis −19° Celsius an der Grenze zu China.

Der Winter, der Schnee, klirrende Kälte und in nördlicheren Gefilden auch Dauerfrost mit sich bringt, endet normalerweise gegen Ende März. Dann verheißt der Südwind wieder wärmere Tage, und im April beginnen die Kirschbäume zu blühen.

Flora und Fauna

Die geographische Lage Koreas im Spannungsfeld zwischen kontinental gemäßigtem und subtropischem Klima findet auch in der Pflanzenwelt ihren Niederschlag. Wachsen im Norden hauptsächlich Kiefern, Tannen, Eichen, Buchen, Zedern und Pinien, so finden sich in der Mitte des Landes, die häufiger von warmen Luftmassen berührt wird, auch Bambus, Rhododendren, Farne, Kirschen, Haselnuß, Ginkgo und Persimmone. Tropische Pflanzen schließlich, wie Teestrauch, Kamelien, Azaleen und Zitrusfrüchte, kommen ausschließlich im Süden vor. Von den Nutzpflanzen ist der in Naßfeldern angebaute Reis besonders erwähnenswert. Obwohl der Besucher des Landes den Eindruck hat, daß wirklich der letzte Winkel urbaren Bodens durch terrassenförmig aufsteigende Reisfelder erschlossen ist, reicht die landwirtschaftliche Nutzfläche Koreas (ca. 22% der Gesamtfläche) nicht aus, die Reisversorgung der Bevölkerung sicherzustellen. Von den übrigen Getreidesorten sind Weizen, Mais und Gerste zu nennen, wobei letztere, geröstet und in Wasser gekocht, den besonders in den

Sommermonaten als Durstlöscher geschätzten Gerstentee (Pŏrich'a) ergibt.

Koreas Küche lebt von seinen Gemüsen: zahlreiche Bohnensorten, darunter auch die eiweißreiche Sojabohne, sowie Sesam, Ingwer, Süßkartoffeln und natürlich die Ginsengwurzel, der besondere Wirkungen als Heilpflanze nachgesagt werden. Die ursprünglich nur wild wachsende, alraunenhafte Ginsengwurzel ist als Tee-Extrakt, in Pillenform oder als Likör in der ganzen Welt so beliebt, daß sie heute systematisch in Plantagen gezüchtet wird. Wer in Korea über Land fährt, wird sicherlich die zum Schutz der Jungpflanzen vor direkter Sonnenbestrahlung aufgestellten, angewinkelten Strohdächer bemerken.

Die Tierwelt Koreas unterscheidet sich nicht wesentlich von der Mitteleuropas. Bemerkenswert ist vielleicht, daß zahlreiche Tiere Eingang in Mythen und Fabeln gefunden haben; so spielen beispielsweise Tiger und Bär im Tangun-Mythos, der Gründungssage Koreas, eine wichtige Rolle. Während der Tiger seit den zwanziger Jahren unseres Jahrhunderts in Korea ausgestorben ist, erscheinen in Zeitungen noch ab und an Berichte über Begegnungen mit Bären; dennoch dürfte auch der Bär in freier Wildbahn so gut wie nicht mehr existieren. Hingegen konnte jüngst in der demilitarisierten Zone am 38. Breitengrad ein Paar des mandschurischen Kranichs entdeckt werden, der lange Zeit als ausgestorben galt. Für Hundeliebhaber sei als koreanische Besonderheit noch der Chindokae erwähnt, eine Hunderasse, die auf der Insel Chindo beheimatet ist und dem chinesischen Chow-Chow ähnelt.

Herkunft und Sprache der Koreaner

Die Koreaner sind ihrer ethnischen Zusammensetzung nach kontinentaler Abstammung und gehören zu den ältesten Kulturvölkern der Erde. Anthropologen vermuten, daß die koreanische Urbevölkerung in mehreren Einwanderungsschüben von Innerasien aus die Halbinsel bevölkert hat. So glaubt man, daß Tungide aus dem Gebiet der Mandschurei bis nach Korea vorgestoßen sind. Daneben dürfte auch die malayo-austronesische Ostwanderung, die bis nach Japan gelangte, den Süden Koreas erreicht haben. Im ersten Jahrhundert vor Christus wurde dann die Halbinsel verstärkt durch chinesische Kolonisten besiedelt.

Die Einwanderungsströme geben auch wichtige Anhaltspunkte für den Ursprung der koreanischen Sprache. Beispielsweise geht eine Theorie davon aus, daß das Koreanische aus der Sprache der malaiisch-polynesischen Einwanderer entstanden ist; zwar habe es später auch Migrationen aus dem altaischen Sprachraum nach Korea gegeben, die aber ohne Einfluß auf die bereits vorhandene Sprache geblieben seien. Zur Unterstützung dieser Theorie wird darauf verwiesen, daß Korea neben dem Reisanbau zahlreiche Sitten, Gebräuche und Mythen mit den malaiischen und polynesischen Völkern teile.

Die Mehrheit der mit der koreanischen Sprache befaßten Linguisten hält jedoch die sogenannte Altai-Theorie für wahrscheinlicher, wonach das Koreanische zur altaischen Sprachfamilie gehört, zu der u.a. Türkisch, Mongolisch, Japanisch und die mandschu-tungusischen Sprachen zählen. Diese Theorie basiert auf einer Reihe gemeinsamer Strukturmerkmale und Wortgleichheiten des Koreanischen mit anderen altaischen Sprachen. Wenngleich sich die von Außenstehenden häufig vermutete Verwandtschaft zwischen dem modernen Japanisch und Koreanisch nur auf die erwähnten Strukturgemeinsamkeiten erstreckt, es sich im übrigen aber um zwei völlig eigenständige Sprachen handelt, gehen Vertreter der Altai-Theorie doch davon aus, daß beide Sprachen auf eine gemeinsame Ursprache zurückzuführen sind, wobei die Trennung bereits in frühgeschichtlicher Zeit erfolgt sein dürfte. Ein Indiz dafür ist die Überschichtung des Wortschatzes beider Sprachen mit sino-koreanischen bzw. sino-japanischen Wörtern; so bestehen beispielsweise ca. 54 Prozent des koreanischen Wortschatzes aus chinesischen Lehnworten. Da aber das Koreanische und Chinesische zwei unterschiedlichen Sprachfamilien angehören, ist die koreanische Sprache durch eine Dualität von rein koreanischen und sino-koreanischen

Wörtern geprägt; z. B. kann „Monat" sowohl mit dem koreanischen Begriff „tal" als auch mit dem sino-koreanischen „wŏl" bezeichnet werden. Die Überlagerung der koreanischen Sprache mit chinesischen Lehnworten ist vermutlich auf das erste vorchristliche Jahrhundert zurückzuführen, in dem zwischen dem koreanischen Reich Wiman und der chinesischen Han-Dynastie ein enger Kontakt bestand, der sich u. a. in der Übernahme und Adaption der chinesischen Schrift niederschlug.

Da die chinesische Wortschrift, in der für jedes Wort ein eigenes Schriftzeichen festgelegt ist, zur Niederschrift des Koreanischen, einer mehrsilbigen Sprache, nur unzureichend geeignet ist, entwickelten im 15. Jh. Gelehrte am Hofe von König Sejong eine eigene koreanische Schrift. Das 1446 veröffentlichte koreanische Alphabet mit 10 Vokalen und 14 Konsonanten stellt aufgrund seines logischen Aufbaus und seiner Einfachheit eine Kulturleistung dar, die im ganzen Fernen Osten ohnegleichen ist. Findet im heutigen Nordkorea ausschließlich dieses Hangŭl-Alphabet Verwendung, so ist in Südkorea eine Kombination aus der phonetischen koreanischen Schrift und den chinesischen Schriftzeichen gebräuchlich.

Das Koreanische gehört zu den sog. agglutinierenden Sprachen, bei denen Bedeutungsveränderungen durch das Anhängen von Endungen an den Wortstamm erfolgen. Ähnlich wie das Japanische wird auch die koreanische Sprache durch eine Anzahl von Höflichkeitsformen geprägt, die sowohl durch die soziale Beziehung der Gesprächspartner zueinander als auch durch den Gesprächsinhalt bestimmt werden. Aus diesem Grunde definiert die Gesprächssituation (Teilnehmer, Inhalt) in sehr viel stärkerem Maße als bei europäischen Sprachen die Art und damit die grammatikalische Form des sprachlichen Ausdrucks.

II. Geschichte und kulturelles Erbe

1. Urzeit und Frühgeschichte

Paläo- und Neolithikum

Die Archäologie in Korea ist eine noch verhältnismäßig junge Wissenschaft, die systematisch erst seit der japanischen Kolonialzeit betrieben wird. Dementsprechend unvollsändig ist unser Bild über die Urgeschichte Koreas.

Die ältesten bisher entdeckten Funde – einfache Hauwerkzeuge – deuten darauf hin, daß die koreanische Halbinsel in der Zwischeneiszeit Günz-Mündel (ca. 800 000 v. Chr.) von Hominiden des Typs „homo erectus" besiedelt war. Da die Durchschnittstemperaturen zu jener Zeit um ca. 8–12° Celsius unter den heutigen Werten lagen, dürfte das Land damals noch nach Westen mit China und nach Osten mit Japan über Landbrücken verbunden gewesen sein.

Im Jungpaläolithikum (ca. 20 000 v. Chr.) war die Halbinsel vermutlich von mongoliden Stämmen bevölkert, die ihren Lebensunterhalt vornehmlich durch Jagd sicherten und bereits in festen Behausungen wohnten. Auch der Gebrauch des Feuers war bereits bekannt, wie die Überreste von Feuerstellen belegen.

Während zahlreiche Funde auf die Besiedlung Koreas im Paläolithikum hinweisen, gibt es merkwürdigerweise bis heute keinen eindeutigen Beleg dafür, daß die Halbinsel auch im Mesolithikum (12 000–5000 v. Chr.) bevölkert war. Man vermutet deshalb, daß mit Zunahme der Durchschnittstemperaturen die Küstensiedlungen als Folge des Anstiegs des Meeresspiegels in der See versunken sind. Vielleicht waren aber auch die Ureinwohner Koreas durch die Veränderungen der klimatischen Bedingungen gezwungen, weiter nach Norden zu ziehen, um ihre gewohnten Lebensverhältnisse beibehalten zukönnen.

Ansteigende Temperaturen während einer Zwischeneiszeit führten dazu, daß die koreanische Festlandverbindung zu China zurückgebildet wurde und die Landbrücke zu Japan bis auf einige Inseln ganz verschwand. Im Neolithikum (ca. 5000–2000 v. Chr.) kam es mit dieser Klimaänderung zu einer Einwanderungswelle aus der Mandschurei nach Korea. Ein wichtiges Indiz hierfür liefert eine besondere Art neolithischer Keramik, die in ganz Korea und in der Mandschurei gefunden wurde. Kennzeichen dieser Keramik ist ihre rote oder braune Farbe und ihr flacher Boden; sie ist undekoriert und relativ grob. Neben dieser einfachen Form gibt es zwei weitere Arten neolithischer Keramik: Die erste ist mit Fischgrat- bzw. Zickzackmuster dekoriert, hat eine elliptische Form und einen runden Boden. Sie gleicht der in nordeuropäischen Staaten gefundenen Kammkeramik. Die zweite Art ist dünnwandiger und weist eine gewisse Verwandtschaft zur frühen chinesischen Keramik auf.

Mit Beginn der Bronzezeit tauchten auf der koreanischen Halbinsel erstmals auch metallische Gegenstände auf, die ebenfalls von Einwanderern aus der südlichen Mandschurei auf die Halbinsel gebracht worden sein dürften.

Neben der Keramik und den metallischen Gegenständen geben uns die in dieser Zeit gebräuchlichen Dolmen- oder Hünengräber ein eindrucksvolles Bild der koreanischen Frühgeschichte. Diese megalithischen Kulturzeugnisse sind über die ganze Halbinsel verstreut, wobei ein nördlicher und südlicher Typus unterschieden werden können. Während die nördlichen Dolmen, bei denen auf drei bis vier vertikalen Steinen von ca. 1,50 m Höhe eine große horizontale Deckplatte ruht, stark an europäische Ebenbilder erinnern, liegt beim südlichen Typ die Deckplatte einfach auf der Erde oder auf kleineren vertikalen Stützsteinen. Vielfach wird der letztere Typ auch mit der Form eines japanischen Gō-Brettes verglichen.

Der mythologische Ursprung Koreas

Im koreanischen Geschichtswerk „Samgukyusa" aus dem 13. Jh. n. Chr. findet sich folgender Mythos über die Gründung Koreas:

In alter Zeit dachte der Göttersohn Hwangŭng daran, die Menschen zu erlösen. Als sein Vater hiervon hörte, schickte er seinen Sohn mit drei himmlischen Abzeichen auf den Gipfel des T'aebaek-Berges. Zu dieser Zeit lebten in einer Höhle ein Tiger und eine Bärin, deren sehnlichster Wunsch es war, Menschengestalt anzunehmen. Deshalb beteten sie unaufhörlich zu Hwangŭng, der ihnen schließlich einen übergroßen Beifuß und ein Gebinde aus Knoblauch mit dem Versprechen gab, wenn sie dies äßen und für einhundert Tage das Sonnenlicht mieden, so würden sie Menschengestalt annehmen. Nur die Bärin konnte jedoch so lange dem Sonnenlicht fernbleiben und nahm, wie prophezeit, die Gestalt einer Frau an. Da ihr nun ein Lebenspartner fehlte, sie sich aber nichts sehnlicher als ein Kind wünschte, betete sie erneut zu Hwangŭng, der sich ihrem Flehen nicht verschließen konnte und sie zur Frau nahm. Bald darauf schenkte sie ihm einen Sohn, den sie Tangun nannten.

Später gründete Tangun seine Hauptstadt in P'yŏngyang und nannte das Land, über das er herrschte, Chosŏn.

Tangun war sicherlich keine historische Gestalt. Die Überlieferung datiert jedoch Tangun recht genau – und so gilt das Jahr 2333 v. Chr. als Gründungsdatum Koreas und als Beginn der koreanischen Zeitrechnung.

Das Reich Wiman und die Präfektur Lo-lang

Ende des dritten vorchristlichen Jahrhunderts kommt es als Folge blutiger Unruhen bei der Ablösung des chinesischen Ch'in-Reiches durch die Han-Dynastie zu einer neuen Welle chinesischer Einwanderer nach Chosŏn. Unter ihnen befindet sich Wiman, ein Gefolgsmann eines gegen das Han-Reich rebellierenden Lehensfürsten aus dem nordchinesischen Staat Yen. Mit überlegenen Eisenwaffen gelingt es Wiman und seinen Leuten, den König von Chosŏn zu vertreiben und seinen Thron zu usurpieren. Damit kommt es zur Gründung des ersten geschichtlichen Staates auf der koreanischen Halbinsel.

Neben der Errichtung einfacher politischer und sozialer Institutionen werden Gesetze zum Schutze des Eigentums und gegen Kapitalverbrechen erlassen.

Nach Beilegung der inneren Konflikte und Stabilisierung seiner Macht betreibt das chinesische Han-Reich zu Beginn des ersten vorchristlichen Jahrhunderts wieder eine expansionistischere Politik. Als der koreanische König seinen Vasallenpflichten nicht nachkommt, unterwirft deshalb die chinesische Armee den jungen koreanischen Staat und teilt ihn in vier Präfekturen auf, darunter auch Lo-lang, die vom Yalu bis zum Hangang reicht und vier Jahrhunderte lang ein wichtiger chinesischer Vorposten in Korea ist. Die rein chinesische Kultur der Präfektur Lo-lang beeindruckt die im Vergleich dazu noch rückständigen Koreaner: Sie übernehmen die Lo-lang-Kultur, die sich damit auf der gesamten Halbinsel ausbreitet. Ausgrabungen von Grabstätten bei P'yŏngyang brachten zahlreiche Zeugnisse der hochstehenden Lo-lang-Kultur ans Tageslicht, wie z. B. filigrane Goldarbeiten, herrliche Lackgegenstände, erlesenen Jadeschmuck und vollendete Keramiken. Sie geben uns noch heute ein anschauliches Bild von der handwerklichen Kunst der damaligen Zeit. Einige dieser Kunstgegenstände können im Nationalmuseum in Seoul besichtigt werden.

Die koreanischen Stammesverbände

Zur Zeit der chinesischen Präfekturen ist die koreanische Halbinsel von einer Reihe von Stammesverbänden besiedelt, die für die weitere geschichtliche Entwicklung des Landes bis zum Mittelalter ein dominierender Faktor werden sollten.

Der Stamm der *Puyo*, der die fruchtbaren Ebenen entlang des Sungari-Flusses in der nördlichen Mandschurei bewohnte, konnte offensichtlich freundschaftliche Beziehungen zur chinesischen Han-Dynastie etablieren, unter deren Einfluß er im ersten Jahrhundert n. Chr. seine Blütezeit erlebte. Diese Abhängigkeit führte aber dazu, daß mit Auflösung des Han-Reiches auch der Untergang der Puyo begann und sich die führenden Familien den aufstrebenden *Koguryŏ*-Stämmen anschlossen. Diese siedelten entlang des mittleren Yalu im mandschurisch-koreanischen Grenzgebiet, einer sehr rauhen und gebirgigen Landschaft. Die Koguryŏ-Stämme, die als erste die Bronze- und Metallkultur von China übernahmen und sich dadurch einen waffentechnischen Vorteil verschafften, waren zur Sicherung ihrer Lebensgrundlagen immer wieder auf Eroberungsfeldzüge gegen die Puyo im Norden und die chinesischen Präfekturen im Westen angewiesen.

An der Ostküste Koreas herrschten zu dieser Zeit die beiden Stammesverbände *Okchŏ* und *Tong-Ye,* die sich in ihren Gebräuchen nur unwesentlich von den Koguryŏ-Stämmen unterschieden. Anders als Koguryŏ waren aber beide Stämme von kulturellen Neuerungen ziemlich abgeschnitten, weshalb es für die Koguryŏ aufgrund ihrer überlegenen Waffen nicht schwer war, Okchŏ und Tong-Ye zu unterwerfen.

Auch im Süden Koreas bilden sich zu dieser Zeit mit den *Han*-Stämmen größere Organisationsformen aus. Im Südwesten schließen sich dort ansässige Stämme, deren Kern vermutlich von malayo-austronesischen Einwanderern gebildet wurde, zum Verband der *Mahan* zusammen.

Im Südosten entsteht aus chinesischen Einwanderern tungusischer Abstammung der Stamm der *Chinhan.* Wirtschaftlich betrachtet, gelangen die Chinhan durch Seidenraupenzucht, Reisanbau, Fischfang sowie durch Eisenverhüttung und Belieferung der ganzen Halbinsel mit Eisenerzeugnissen zu einem gewissen Wohlstand. Dieses Geschäft wird ihnen allerdings durch den im Süden, bei den Bergen Kaya und Chiri angesiedelten Stammesverband der *Pyŏnhan* strittig gemacht, der ebenfalls als Eisenlieferant der chinesischen Präfekturen und Japans auftritt.

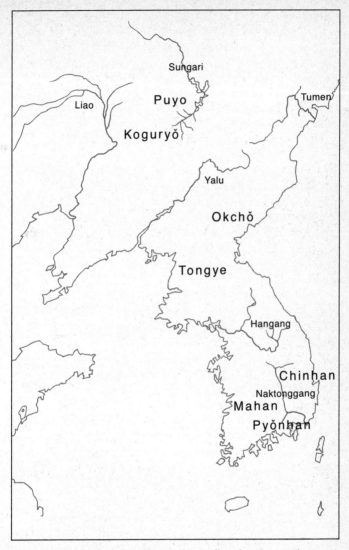

Die Stammesverbände auf der koreanischen Halbinsel (1. Jh. vor Chr.)

2. Die Zeit der drei Königreiche und der Einheitsstaat Silla

Zusammenschluß der koreanischen Stämme zu den Königreichen Koguryŏ, Paekche und Silla

Obwohl Koguryŏ, das sich als erster Stammesverband zu einem Königreich weiterentwickelt, mit der Annexion der Stämme Okcho und Tong-Ye im ersten Jahrhundert n. Chr. seinen Machtbereich erheblich ausweiten konnte, kommt der Anstoß zu einer Neuverteilung der Einflußsphären in Korea von außen: durch den Zerfall der chinesischen Han-Dynastie in Teilstaaten verliert das Reich der Mitte auch in seinen koreanischen Präfekturen zunehmend an Einfluß. Die innere Schwächung Chinas und das Expansionsstreben des kriegerischen Königreichs Koguryŏ führt dazu, daß die chinesische Präfektur Lo-lang 313 n. Chr. vom nördlichen Nachbarn unterworfen wird.

Im Süden der Halbinsel nutzt das Königreich *Paekche*, das vermutlich aus dem Stammesverband der Mahan hervorgegangen ist, die Annexion Lo-langs und dehnt seinen Einflußbereich auf die chinesischen Besitzungen am Hangang aus.

Eine parallele Entwicklung vollzieht sich beim Chinhan-Verband, aus dem unter der Führung des Saro-Stammes, der im Gebiet der heutigen Stadt Kyŏngju lebte, Anfang des 6. Jh. das Königreich *Silla* hervorgeht.

In Pyŏnhan, das schon immer von japanischen Schiffen auf dem Weg nach China angesteuert wurde, entstehen nach und nach japanische Siedlungen, aus denen sich dann im 4. Jh. n. Chr. eine Statthalterei des Yamato-Reiches entwickelt. Aus den einzelnen Stämmen der Pyŏnhan entstehen in diesem japanischen Protektoratsgebiet Mimana zahlreiche Kleinstaaten, die sogenannten Kaya-Staaten.

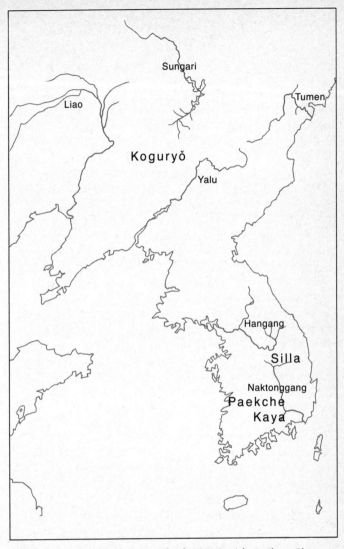

Die koreanische Halbinsel zur Zeit der drei Königreiche (5. Jh. n. Chr.)

Der Aufstieg des Königreichs Koguryŏ

Mitte des 4. Jh. richtet sich die Expansionspolitik Koguryŏs nach Süden; dies veranlaßt das bedrohte Königreich Paekche, eine Allianz mit dem japanischen Protektorat Mimana gegen das aufstrebende Koguryŏ einzugehen. Aber dieses Bündnis kann dem Eroberungsdrang und dem steten Ausbau des Einflusses Koguryŏs, das Anfang des 5. Jh. am Höhepunkt seiner Macht steht, keinen Einhalt gebieten. Im Norden erstreckt sich das Königreich nun bis zum Liao-Fluß und im Süden erkennt sogar das feindliche Paekche die Oberhoheit Koguryŏs an. Paekche, das gegenüber dem expansionistischen Koguryŏ zunehmend um seine Existenz fürchtet, geht daraufhin mit dem bis zu dieser Zeit militärisch relativ unbedeutenden Silla ein Bündnis ein. Doch kann auch diese Allianz nicht verhindern, daß 475 n. Chr. die Hauptstadt Paekches am Han-Fluß in die Hände Koguryŏs fällt. Paekche gelingt es jedoch insofern, sich schadlos zu halten, als es nach Verhandlungen mit dem Hof Yamato die westlichen Distrikte von Mimana erhält, während sich die übrigen Kaya-Kleinstaaten aus Enttäuschung über die Politik der Protektoratsmacher dem Königreich Silla anschließen. Damit endet der zwei Jahrhunderte andauernde Einfluß Japans im südlichen Korea, der jedoch weniger unter historischen als vielmehr unter kulturgeschichtlichen Aspekten von Bedeutung ist; denn neben zahlreichen koreanischen Handwerkern, Künstlern und Gelehrten wandern während dieser Zeit auch chinesische Kolonisten nach Japan aus und bilden so ein wichtiges Bindeglied für die Verbreitung chinesischer und koreanischer Kultur auf dem Inselreich. Dies gilt insbesondere für den Buddhismus, der in den drei Königreichen zunehmend Ahnenkult und Animismus zurückdrängt und bis Mitte des 6. Jh. in allen drei Reichen zur Staatsreligion erhoben wird.

Mit dem Expansionsstreben Koguryŏs, besonders aber mit der Annexion von Lo-lang, kommt auch das kulturelle Leben auf der Halbinsel zu einer Blüte. Als Beispiele sind die Förderung der konfuzianischen Staatsethik, die Errichtung von

Universitäten nach chinesischem Vorbild und die Kodifizierung von Gesetzen zu nennen. Leider haben von den Kunstschätzen jener Epoche nur wenige überdauert, so daß sich die kunsthistorischen Zeugnisse auf Grabbeigaben und Wandmalereien in einigen von Plünderungen verschonten Königs- und Adelsgräbern beschränken. Das bedeutendste Grab mit Wandmalereien ist das sogenannte Zwillingspfeilergrab bei P'yŏngyang, der dritten Hauptstadt von Koguryŏ, dessen Name auf zwei achteckige Säulen am Eingang zur Hauptkammer zurückzuführen ist. Die Wandmalereien in diesem Grab, die zu den wertvollsten Kunstdokumenten im Fernen Osten gehören, werden auf das fünfte Jahrhundert n. Chr. datiert. Sie stellen ein Ehepaar dar, das zu Tische sitzt und sich von Dienern aufwarten läßt.

Der Untergang Koguryŏs

Im sechsten Jahrhundert n. Chr. wird Silla militärisch immer stärker. Die Vormachtstellung Koguryŏs auf der koreanischen Halbinsel gerät dadurch ins Wanken. Im Jahr 551 n. Chr. erringt Silla einen wichtigen Sieg über Koguryŏ und kann das Gebiet am Han-Fluß unter seine Kontrolle bringen. Damit verfügt Silla erstmalig über eine direkte Landverbindung zu China.

Ende des 6. und zu Beginn des 7. Jh. gerät Koguryŏ dann auch zunehmend durch chinesische Militäraktionen in Bedrängnis. Nach vier Feldzügen gelingt es den chinesischen Truppen schließlich, Koguryŏ zu unterwerfen. Zwar kann sich das Königreich, begünstigt durch das Ende des Sŭi-Reiches in China, nochmals der chinesischen Oberhoheit entziehen, aber im Jahr 668 ist sein Untergang besiegelt: Den Streitkräften aus Silla und China gelingt es, in einer Zangenbewegung die Hauptstadt Koguryŏs einzunehmen. Bereits einige Jahre früher war Paekche durch chinesische Truppen unterworfen worden.

Der Einheitsstaat Silla

Nach der Eroberung Paekches und Koguryŏs durch das chinesische Militär – die Armee Sillas spielte hierbei eher eine untergeordnete Rolle – stellte sich bald heraus, daß die eigentliche Absicht des T'ang-Reiches in der Ausdehnung seines Machtbereichs auf die ganze koreanische Halbinsel bestand. Doch daraus wurde nichts: es gelang den Koreanern durch einen Kleinkrieg, das chinesische T'ang-Reich zum Rückzug seiner Streitkräfte zu bewegen. In die geräumten Gebiete stießen Truppen aus Silla nach, das dadurch den Grundstein für die glanzvollste Epoche in der Geschichte Koreas legte. Durch formale Anerkennung der chinesischen Oberhoheit entwickelte der Einheitsstaat Silla ein einvernehmliches Verhältnis zum T'ang-Reich in China, das dem jungen Staat eine 200-jährige Friedensperiode ohne Bedrohung durch äußere Feinde bescheren sollte. Gleichzeitig entsteht ein reger kultureller Austausch mit dem China der T'ang-Zeit: Koreanische Gelehrte studieren in China die konfuzianische Staatsethik, und buddhistische Mönche kommen im Reich der Mitte mit neueren Strömungen ihrer Religion in Berührung. Als Staatsreligion entfaltet der Buddhismus im Einheitsstaat Silla einen prägenden Einfluß auf das kulturelle Leben: Tempelanlagen werden gebaut, Denkmäler errichtet und mit der sakralen kommt auch die weltliche Kunst zu einer bedeutenden Blüte.

Noch heute gibt uns die Hauptstadt Sillas, Kyŏngju, die von der UNESCO unter die zehn bedeutendsten historischen Anlagen der Welt eingereiht wurde, ein beeindruckendes Zeugnis der Kulturblüte jener Zeit. Das Bild der Stadt Kyŏngju wird von gewaltigen Hügelgräbern geprägt, den Grabstätten der Könige und des Hochadels der Sillazeit. Seit Mitte der zwanziger Jahre unseres Jahrhunderts, als man bei Bauarbeiten zufällig auf Teile eines alten Königgrabes stieß, konnten Archäologen zahlreiche Kulturschätze wie z. B. Goldkronen, goldene Ringe, Ohrgehänge und Gürtel, Keramiken, Pferdegeschirre und Schwerter ausgraben und der Öffentlichkeit zugänglich machen. Neben den Königsgräbern gehören die buddhistische Tempelanlage Pulguksa und die Sokkuram-Höhle, ein künstlich angelegtes Gewölbe, in dessen Mitte eine in Granit gemeißelte, 3,5 m hohe Buddhastatue thront, zu den schönsten und bedeutendsten Zeugnissen der Silla-Kultur.

Der Einheitsstaat Silla macht sich zur Verwaltung seiner über zwei Millionen Haushalte chinesische Praktiken zu eigen. Das Staatsgebiet wird in Provinzen und diese wiederum in Präfekturen, Distrikte und Gemeinden unterteilt. Während alle wichtigen Ämter der Zentralregierung in der Hauptstadt Kyŏngju durch Mitglieder des alten Silla-Adels besetzt sind, wird der Adel von Paekche und Koguryŏ in der regionalen Verwaltung eingesetzt. Die Besoldung der Beamten erfolgt durch die Vergabe von Amtsfeldern, die Beteiligung an der Kriegsbeute und durch Überlassung von Kriegsgefangenen als Sklaven.

Aufgrund von Eifersüchteleien zwischen dem alten Standesadel und dem aufstrebenden Feudaladel kommt es zunehmend zu Konflikten. Darüber hinaus spitzt sich auch die Lage der unfreien Bauernschaft immer mehr zu, die, durch die hohen Steuerabgaben völlig verarmt, sich häufig nur im chinesischen oder japanischen Exil am Leben erhalten kann. Als der Staat mit rigorosen Maßnahmen Steuerrückstände bei den Bauern einzutreiben versucht, kommt es im Jahr 889 zum Aufstand der Bauern, der den Zerfall des Einheitsstaates Silla einleiten sollte.

Neben Silla entstehen auf der koreanischen Halbinsel zwei weitere Staaten, die sich als Nachfolger der Königreiche Koguryŏ und Paekche verstehen. In der Folgezeit kommt es zu Kämpfen dieser beiden Staaten untereinander, aus denen der Nordstaat schließlich als Sieger hervorgeht.

3. Das koreanische Mittelalter

Die Koryŏ-Dynastie (918–1392)

Aus dem Nordstaat geht 918 unter König T'aejo das Königreich Koryŏ hervor, das für fünf Jahrhunderte über die koreanische Halbinsel herrschen sollte. Nach Unterwerfung des geschwächten Sillas und Ausdehnung seines Machtbereiches nach Norden umfaßt das Hoheitsgebiet des Königreiches Koryŏ Mitte des 10. Jh. die ganze Halbinsel bis zum Grenzfluß Yalu im Norden.

Die Herrscher Koryŏs sind zunächst auf Konsolidierung ihrer gewonnenen Macht nach innen bedacht. Deshalb leiten sie eine Restauration der ökonomischen und sozialen Strukturen des Silla-Reiches ein. Neben dem Amtsadel werden auch Zivil- und Militärbeamte mit Lehensrechten versehen, die jedoch mit dem Tode an die Krone zurückfallen.

Anfang des 11. Jh. nutzt der nördliche Nachbar Koryŏs, das chinesische Liao-Reich, eine innenpolitische Krise des Königreiches zu einem militärischen Einfall. Die Verteidigung seiner Nordgrenze gegen das Liao-Reich stellt für Koryŏ in der Folgezeit ein schwieriges Problem dar, das erst durch den Bau eines Schutzwalls vom Yalu bis zur Nordkorea-Bucht endgültig gelöst wird. Dieser Schutzwall sichert Koryŏ eine zweihundertjährige Friedenszeit, die von einer kulturellen Blüte begleitet wird.

Während der Koryŏ-Dynastie erlebt der Buddhismus, der die vorherrschende Religion in Korea bleibt, einen neuen Aufschwung; allein in der Hauptstadt Kaesŏng werden zu dieser Zeit über siebzig neue Tempel errichtet. Noch heute gibt uns die Haupthalle des Pusŏk-Tempels, der ca. 250 km südlich von Seoul nahe der Stadt Yŏngju liegt, mit seiner Amitābhā-Statue, einer der wenigen erhaltenen Buddha-Plastiken aus der Koryŏ-Zeit, ein eindrucksvolles Zeugnis der handwerklichen und künstlerischen Perfektion dieser Zeit.

Im 11. Jh. veranlaßt König Hyŏnjong die Edition einer koreanischen Fassung der Tripitaka, einer Zusammenstellung buddhistischer Texte. Dieses fast 6000-bändige Werk wurde während der Mongoleneinfälle vernichtet, aber noch heute können 81258 hölzerne Druckblöcke einer zweiten Edition der Tripitaka koreana aus dem 13. Jh. im Haein-Tempel als eines der wichtigsten Zeugnisse der koreanischen Geistesgeschichte und Druckkunst besichtigt werden. Zwar war bereits Ende des 12. Jh., d. h. gut zweihundert Jahre vor Gutenberg, in Korea der Buchdruck mit beweglichen Lettern erfunden worden, aber dennoch wurde die zweite Edition der Tripitaka koreana im Blockdruckverfahren herausgegeben, da die Druckblöcke weniger empfindlich und haltbarer waren.

Berühmtheit erlangten auch die Keramiken der Koryŏ-Zeit, die wegen ihrer ausgewogenen Form und der Schönheit ihrer Farben auf der ganzen Welt geschätzt werden. Die geheimnisvolle, blaugrüne, eisvogelfarbige Glasur und typische Dekors, wie z. B. Kranich, Wolken oder Trauerweide, ließen das koreanische Seladon der Koryŏ-Zeit zu einem geschätzten Sammlerobjekt werden.

Die Kulturblüte der Koryŏ-Dynastie neigt sich Anfang des 13. Jh. dem Ende zu, als mongolische Truppen unter der Führung von Dschingis-Khan die Nordgrenze Koreas verunsichern. Als die Herrscher des Königreichs wiederholt Forderungen mongolischer Gesandtschaften nach Tributzahlungen zurückweisen, überfallen und plündern mongolische Truppen die Hauptstadt Kaesŏng. Aus Furcht vor weiteren Übergriffen der Mongolen wird daraufhin die Hauptstadt auf die Insel Kanghwa verlegt. Wie vorausschauend diese Maßnahme war, zeigte sich, als mongolische Truppen im 13. Jh. wiederholt die Halbinsel verunsicherten und dabei sogar bis nach Chejudo, der südlichsten Insel Koreas, vorstießen. Angesichts der militärischen Überlegenheit der Mongolen bleibt Koryŏ keine andere Wahl, als im Jahr 1260 die mongolische Oberhoheit anzuerkennen.

Die Mongolen nutzen in der Folgezeit ihre neu gewonnene Herrschaft über Korea zur Vorbereitung mehrerer Feldzüge gegen Japan, die jedoch allesamt fehlschlagen. Da die koreanische Bevölkerung maßgeblich zum Bau einer Flotte für die japanischen Feldzüge der Mongolen beitragen muß und darüber hinaus auch zur Abstellung von Truppen gezwungen wird, verschlechtert sich die wirtschaftliche Situation des Landes dramatisch.

Die 125-jährige Mongolenherrschaft in Korea geht ihrem Ende entgegen, als Mitte des 14. Jh. die mongolische Oberhoheit in China zunehmend in Frage gestellt wird. Die Schwächung der Mongolenherrschaft nutzt der damalige König Koryŏs dazu, seine Gefolgschaft zu versagen und das koreanische Volk vom Joch der Fremdherrschaft zu befreien.

Doch die Auseinandersetzungen über die wirtschaftliche und politische Neuordnung am Ende der Mongolenherrschaft führen zu einer schweren innenpolitischen Krise, die letztendlich den Auslöser für den Untergang der Koryŏ-Dynastie darstellt. Erst als Yi Sŏnggye, der wegen seiner Siege über japanische Piraten im Volk hohe Sympathie genießt, 1390 eine weitreichende Bodenreform durchsetzt, kommt es zu einer Stabilisierung der innenpolitischen Situation.

Die Yi-Dynastie (1392–1910)

Bald nach Verabschiedung der Bodenreform wird Yi Sŏnggye, getragen von einer Woge der Sympathie, zum König ausgerufen. Er begründet damit die Yi-Dynastie, die bis 1910, dem Jahr der Annexion Koreas durch Japan, das Schicksal der Halbinsel bestimmen sollte.

Als eine der ersten Maßnahmen in seinem neuen Amt erkennt der König die Oberhoheit des chinesischen Ming-Reiches über Korea an und stellt so das alte Verhältnis zwischen den beiden Staaten wieder her. Das Ming-Reich verleiht der Halbinsel den Namen Chosŏn (Land der Morgenfrische), der bis heute – allerdings nur für Nordkorea – gebräuchlich ist.

König Yi Sŏnggye, der unter dem Titel T'aejo in die Annalen eingeht, führt eine umfassende Verwaltungsreform durch, die mit der Einrichtung eines Zentralen Rates, der mit hochstehenden Zivil- und Militärbeamten besetzt ist und Entscheidungsvorlagen an den König formuliert, erste Ansätze eines modernen Staatswesens verwirklicht. Im Jahr 1394 veranlaßt König T'aejo die Verlegung der Hauptstadt an den Han-Fluß, in die verkehrstechnisch äußerst günstig gelegene Stadt Hanyang, wo er den Kyŏngbok-Palast als Residenz errichten läßt. Bald hat sich für die neue Hauptstadt in der Bevölkerung der Name „Seoul" eingebürgert.

Die ersten Jahre der Yi-Dynastie bringen auch kulturell einschneidende Veränderungen: Der Buddhismus fällt aufgrund der in den Klöstern weit verbreiteten Korruption bei den neuen Herrschern in Ungnade. Anfang des 15. Jh. werden deshalb bis auf 242 alle buddhistischen Tempel zerstört, ihr Grundbesitz enteignet und buddhistische Zeremonien am Hofe verboten. Die antiklerikale Politik der ersten Könige der Yi-Dynastie führt zum Verlust der achthundertjährigen Vormachtstellung des buddhistischen Klerus. Gleichzeitig gelangt der Konfuzianismus als offizielle Staatsphilosophie zu einer Blüte. Es entstehen konfuzianistische Schulen, mit Hilfe des mittlerweile verfeinerten Typendruckverfahrens werden zahlreiche konfuzianistische Publikationen veröffentlicht, und an Stelle von Standesprotektion tritt mit Einführung des konfuzianistischen Prüfungssystems die individuelle Leistung als Auswahlkriterium für Beamte. Allerdings bleibt die Zulassung zur Prüfung meist auf die Yangban, die herrschende Schicht der Yi-Dynastie, beschränkt.

Als Folge der Bodenreform und durch Einführung neuer Anbautechniken kann der Lebensstandard der Bevölkerung im 15. Jh. deutlich erhöht werden, was der geistig-kulturellen Entwicklung des Landes zugute kommt. Das 15. Jh. geht als die Blütezeit der koreanischen Wissenschaften in die Geschichte ein, wobei als herausragende Leistung die Erfindung der koreanischen Buchstabenschrift zu nennen ist. Die Entwicklung dieser Schrift, die 1446 durch eine von König Sejong eingesetzte Kommission veröffentlicht wurde, muß als eine überragende Kulturleistung angesehen werden. Experten halten die koreanische Schrift sogar für das unter wissenschaftlichen Gesichtspunkten bestformulierte Schriftsystem.

Die kulturelle und wirtschaftliche Blüte Chosŏns erreicht im 16. Jh. ihren Höhepunkt. Bereits zu dieser Zeit zeigen sich erste Anzeichen jener inneren Konflikte, die der Yi-Dynastie zum Verhängnis werden sollten. Zunächst wird jedoch das Schicksal der Halbinsel vom japanischen Expansionismus bestimmt. Im Jahre 1592 richtet sich das Machtstreben Hideyoshis, der zuvor das japanische Inselreich einigen konnte, auf das Festland; mit Truppen in einer Gesamtstärke von 160 000 Mann landet er in Chosŏn und bringt das völlig unvorbereitete Land binnen weniger Wochen unter seine Kontrolle. Die Regierung in Chosŏn wendet sich daraufhin mit einem Beistandsgesuch an China. Im Laufe des Jahres 1593 gelingt es den chinesischen Streitkräften, die japanische Armee zurückzudrängen und in Friedensverhandlungen einzutreten, die jedoch scheitern. Hideyoshi unternimmt einen zweiten Vorstoß in Korea. Doch nach einer vernichtenden Niederlage der japanischen Seestreitkräfte gegen die zahlenmäßig unterlegene koreanische Flotte unter Admiral Yi Sunsin, der wegen seiner Erfolge im Kampf gegen die Japaner noch heute als Volksheld gefeiert wird, und aufgrund der Überlegenheit der chinesischen und koreanischen Truppen auf dem Festland muß Hideyoshi schließlich 1598 die Einstellung des Koreafeldzuges verkünden. Für Korea war die japanische Invasion eine Katastrophe: Der Krieg stürzte das Land in eine tiefe wirtschaftliche Krise; er führte zur Zerstörung zahlreicher Städte und zur Vernichtung unersetzbarer Kunstschätze.

Und schon wenig später droht Korea erneut Gefahr, diesmal aus dem Norden. Anfang des 17. Jh. versuchen die Mandschu, die die Waffenhilfe der chinesischen Ming-Dynastie an Chosŏn dazu benutzen, ihren Einfluß in der südlichen Mandschurei auszubauen, sich den schwächeren Nachbarn im Südosten untertan zu machen. Als ihnen dies auf politischem Weg nicht gelingt, fällt eine 100 000 Mann starke mandschurische Armee in Chosŏn ein und unterwirft das Land, das damit in tributäre Abhängigkeit von den Mandschu gerät. Da jedoch die Politik der mandschurischen Ch'ing-Dynastie gegenüber dem koreanischen Vasallen stets von konfuzianistischer Achtung geprägt ist und sich die neuen Herrscher darüber hinaus jeglicher innenpolitischer Einmischung enthalten, erfreut sich die Halbinsel bis ins 19. Jh. einer Periode der inneren wie äußeren Stabilität.

Die Übergriffe japanischer und mandschurischer Invasoren auf Chosŏn und wiederholte Piratenüberfälle auf Küstensiedlungen veranlassen die koreanische Regierung im 17. Jh. zu einer strikten Abschließungspolitik, die der Bevölkerung bei Todesstrafe jedweden Kontakt mit dem Ausland verbietet. Außer den jährlichen Tributgesandtschaften an den Hof in China und gelegentlichen Abordnungen nach Japan bleibt Chosŏn so für mehrere Jahrhunderte von der Außenwelt abgeschlossen.

4. Die Neuzeit

Das Jahr 1876 markiert in zweierlei Hinsicht einen Wendepunkt in der Geschichte Koreas: Zum einen endet mit der Unterzeichnung des koreanisch-japanischen Vertrages von Kanghwado eine jahrhundertelange selbstgewählte Isolierung des Landes; zum anderen beginnt für Korea mit dem formalen Ende der seit den Mongoleneinfällen bestehenden Vorherrschaft Chinas eine dornenreiche Suche nach dem Weg zu einem souveränen Nationalstaat, die durch wiederkehrende Konflikte mit expansionistischen Nachbarstaaten und Großmächten gekennzeichnet war und schließlich in die heutige Situation der Teilung münden sollte.

Korea zwischen China, Japan und Rußland

Als König Ch'olchong im Jahr 1864 stirbt und keinen männlichen Nachkommen hinterläßt, wird ein entfernter Verwandter, der zwölfjährige Yi Mongbok, später bekannt unter dem Namen Kojong, zum König ausgerufen. Bis zu seiner Großjährigkeit übernimmt sein Vater, dem der Titel Taewŏngun (Prinz des großen Hofes) verliehen wird, die Amtsgeschäfte.

In einer Zeit, die durch die Öffnung der ostasiatischen

Staaten nach Westen geprägt ist, setzt Taewŏngun, ein Mann konfuzianischer Tugend und konservativer Geisteshaltung, die Politik einer strikten Abschließung Koreas von der Außenwelt fort. Die hierfür notwendige Aufrüstung des Militärs, die Sicherung der Küsten und nicht zuletzt der von Taewŏngun angeordnete Wiederaufbau des Kyŏngbok-Palastes in Seoul bürden dem Volk jedoch enorme Steuerlasten auf, die zu einer großen Unzufriedenheit, insbesondere bei den Bauern, führen.

Erst als sich Taewŏngun nach der Großjährigkeit von König Kojong infolge wachsender innenpolitischer Schwierigkeiten aus der Politik zurückzieht und die Familie Min, der die Gemahlin von König Kojong entstammt, an Einfluß gewinnt, kommt es allmählich zu einem Kurswechsel in der koreanischen Politik. Dennoch bedarf es einer militärischen Machtdemonstration Japans vor der Küste Koreas, um die koreanische Regierung mit der Unterzeichnung des Vertrages von Kanghwado (1876) zur Öffnung des Landes zu zwingen. Obwohl China nach wie vor auf der formalen Abhängigkeit Koreas beharrt, erkennt Japan im Vertrag von Kanghwado, der u.a. die Öffnung mehrerer koreanischer Häfen für den Handel mit Japan und die Errichtung japanischer Gesandtschaften vorsieht, faktisch die Souveränität Koreas an.

Das Verhältnis zwischen Japan und Korea bleibt aber nicht lange ungetrübt: Als Japan versucht, das koreanische Militär nach europäischem Vorbild zu reorganisieren, zieht es sich den Unmut der alten Garden zu, die in einer Militärrevolte das japanische Konsulat stürmen und in Brand setzen. Chinesische Truppen eilen der in Bedrängnis geratenen koreanischen Monarchie zu Hilfe. Damit gewinnt China in Korea ein Stück seines traditionellen Einflusses zurück. Für kurze Zeit lebt das alte Abhängigkeitsverhältnis wieder auf. Der deutsche Generalkonsul in Tientsin, Paul Georg von Moellendorff, wird der koreanischen Regierung von China als außenpolitischer Berater zur Seite gestellt. Um der neuen Machtkonstellation in Fernost Rechnung zu tragen und dem Expansionismus Japans Einhalt zu gebieten, drängt China in der Folgezeit die koreanische Regierung zum Abschluß von Handels- und Freundschaftsverträgen mit Amerika, Frankreich, Großbritannien und Deutschland.

Doch Japan ist nicht gewillt, zurückzustehen: es nimmt einen Umsturzversuch zum Anlaß, durch militärische Machtdemonstrationen seinen Einfluß in Korea wieder auszubauen. So kommt es schließlich im April 1885 zum Vertrag von Tientsin, in dem China und Japan den Rückzug ihrer Truppen aus Korea vereinbaren.

Trotz dieser Entmilitarisierung Koreas sind sowohl Japan als auch China stets darum bemüht, ihre Präsenz in Korea zu verstärken. Um den Einfluß der beiden Nachbarstaaten einzuschränken und dem Ziel einer souveränen Nation näherzukommen, rät v. Moellendorff der koreanischen Regierung, die russische Karte ins Spiel zu bringen. Da diese Empfehlung gegen die Interessen Chinas gerichtet ist, wird v. Moellendorff nach China zurückbeordert. Dennoch hat sein Ratschlag insoweit Erfolg, als Korea mit Rußland im Jahre 1888 einen Handelsvertrag abschließt.

Die hohe Steuerlast, die ungleiche Landverteilung und große Dürren in den Jahren 1877 und 1889 führen dazu, daß insbesondere unter den Bauern die Unzufriedenheit zunimmt. Dies macht sich die Tonghak-Sekte (östliche Lehre), die sich als Gegengewicht zum aufkommenden Christentum (Sŏhak = westliche Lehre) versteht, zunutze, indem sie ihre Forderung nach Anerkennung der Tonghak als Religion und Rehabilitierung des 1864 hingerichteten Sektengründers mit einer kritischen Haltung zur Regierungspolitik verbindet. Da die Regierung versucht, die Tonghak-Bewegung zu unterdrücken, kommt es 1894 zu Aufständen, die sich über das ganze Land ausbreiten. Als König Kojong chinesische Truppen zu Hilfe ruft, die den Aufstand niederschlagen sollen, reklamiert Japan eine Verletzung des Vertrages von Tientsin und entsendet ebenfalls Truppen nach Korea. Noch im selben Jahr kommt es zwischen den beiden Nationen zum Krieg, den Japan für sich entscheidet (17.4.1895 Frieden von Shimonoseki).

Auf japanisches Drängen erklärt Korea daraufhin seine Unabhängigkeit und leitet politische Reformen nach japanischem Vorbild ein. Diese Reformen tragen jedoch kaum zu einer Verringerung der Unzufriedenheit im Volke bei; nach einem von japanischen Gesandten in Seoul angestifteten Mordkomplott gegen die koreanische Königin richtet sich der Unmut der Bevölkerung offen gegen die japanischen Besatzer. Ein Anwachsen der Unruhen veranlaßt König Kojong im Frühjahr 1896, in der russischen Gesandtschaft Zuflucht zu suchen. Hierdurch und durch die Tatsache, daß Japan einer bewaffneten Auseinandersetzung mit Rußland momentan nicht gewachsen ist, gelingt es dem nördlichen Nachbarn, seinen Einfluß in Korea auszuweiten.

Als jedoch Rußland im Jahr 1899 versucht, den koreanischen Hafen Masan als Flottenstützpunkt zu erwerben, spitzt sich der Konflikt zwischen den beiden Staaten so weit zu, daß es 1904 zum Kriegsausbruch kommt. Obwohl Korea nicht zum Kriegsschauplatz wird und schon zu Beginn des Konflikts seine Neutralität erklärt, besetzen japanische Truppen die Hauptstadt Seoul. Auf japanischen Druck hin muß Korea die mit Rußland geschlossenen Verträge kündigen und gewonnene Freiheiten (Versammlungs- und Pressefreiheit) einschränken. Der Widerstand der Bevölkerung gegen die japanischen Besatzer wird mit eiserner Härte niedergehalten.

Nachdem Amerika und England 1905 die Vorherrschaft Japans in Korea anerkennen und auch Rußland im Friedensvertrag von Portsmouth (5.9. 1905) eine ähnliche Erklärung abgeben muß, sieht sich die koreanische Regierung gezwungen, am 17.11. 1905 einen Vertrag zu unterzeichnen, der Korea zum japanischen Protektorat macht. Zwar versucht der mittlerweile zum Kaiser avancierte Kojong, durch Entsendung einer koreanischen Delegation zur Friedenskonferenz in Den Haag die Großmächte zu einer Wiederaufnahme der diplomatischen Beziehungen zu Korea zu bewegen, doch seine Bemühungen stoßen bei den Großmächten auf taube Ohren. Der japanischen Besatzungsmacht gibt Kaiser Kojong durch diese Aktion einen Vorwand, ihn zum Rücktritt zu zwingen.

Als Nachfolger wird am 19.7.1907 sein Sohn, Kronprinz Sunjong, zum Kaiser gekrönt.

Korea als japanische Kolonie (1910–1945)

„... Wir haben alle Souveränitätsrechte über Korea seiner Majestät, dem Kaiser von Japan übertragen." Mit dieser Deklaration von Kaiser Sunjong endet nicht nur die Regentschaft des letzten Kaisers der Yi-Dynastie, sondern auch der Traum von einer unabhängigen und souveränen Nation. Korea ist nunmehr eine japanische Kolonie, die von einem direkt dem japanischen Kaiser unterstellten Generalgouverneur regiert wird. Ein wesentliches Ziel der japanischen Politik in Korea ist es, das ökonomische Potential des Landes zu erschließen. Ländereien in Staatsbesitz werden japanischen Bauern überlassen, das Bewässerungssystem verbessert, die Infrastruktur des Landes ausgebaut und das Schulwesen den Herausforderungen der Zeit angepaßt. All diese Maßnahmen zielen jedoch ausschließlich darauf, aus der neuen Kolonie möglichst große Vorteile zu ziehen. So wächst zwar die Reisproduktion in Korea stetig, da sich aber der Export nach Japan sehr viel stärker erhöht als die Produktion, kommt es unter der koreanischen Bevölkerung zu Hunger und Krankheit.

Obwohl Presse- und Versammlungsfreiheit von den neuen Machthabern rigoros beschnitten werden, bilden sich vermehrt antijapanische Gruppen mit dem Ziel, die Unabhängigkeit Koreas wiederherzustellen. Ermuntert durch die russische Revolution von 1917 sowie durch die 14-Punkte-Deklaration des amerikanischen Präsidenten Wilson, in der das Selbstbestimmungsrecht aller Völker proklamiert wird, kommt es anläßlich der Beerdigungsfeierlichkeiten für den Ende Januar verstorbenen Kaiser Kojong am 1. März 1919 zu einem gewaltfreien Aufstand gegen die japanische Besatzungsmacht. Mit Hilfe religiöser Gruppen gelingt es der nationalistischen Opposition, die von dreiunddreißig Wortführern des antijapanischen Widerstands unterzeichnete Unabhängigkeitserklärung gleichzeitig im ganzen Land zu verbreiten. Kaum ist die

Deklaration im Pagodenpark von Seoul verlesen, als Demonstranten im ganzen Land, die koreanische Fahne schwenkend, mit dem Ruf „Tongnip manse" (es lebe die Unabhängigkeit) durch die Straßen ziehen. Die japanische Okkupationsmacht, von diesem Aufstand überrascht, geht mit Gewalt gegen die friedlichen Demonstranten vor. 7000 Tote, 15000 Verwundete und 46000 Verhaftungen sind das Ergebnis des rigorosen Vorgehens der japanischen Besatzer. Noch heute wird deshalb der 1. März in Korea als Gedenktag begangen.

Nach dem Scheitern der Unabhängigkeitsbewegung konstituiert sich noch im selben Jahr unter der Führung von Yi Sŭngman in Shanghai eine koreanische Exilregierung mit dem Ziel, die Frage der koreanischen Unabhängigkeit auf der Konferenz von Versailles zur Sprache zu bringen. Zwar scheitert dieses Vorhaben am japanischen Widerstand, aber die Publizität, die das Problem der koreanischen Unabhängigkeit dadurch gewinnt, ist beachtlich. Ebenfalls in Shanghai wird 1920 die kommunistische Partei Koreas gegründet.

Nach dem Volksaufstand von 1919 ist die japanische Politik in Korea darauf gerichtet, dem antijapanischen Widerstand die Grundlage zu entziehen. Deshalb wird der Ausbau der Infrastruktur beschleunigt, Bodenschätze werden erschlossen und das Bildungswesen verbessert. Nach wie vor steht diese Politik jedoch unter dem Vorzeichen, aus der Kolonie größtmöglichen Nutzen zu ziehen. So entsteht in Korea eine für Kolonialstaaten typische Wirtschaftsstruktur: Das Land wird zum bedeutenden Nahrungsmittel- und Rohstofflieferanten Japans und zu einem wichtigen Absatzmarkt für japanische Fertigprodukte. Darüber hinaus entwickelt sich auch in Korea selbst eine duale Wirtschaftsstruktur: Während sich im geographischen Norden die Chemie- und Schwerindustrie ansiedelt, konzentrieren sich im geographischen Süden Landwirtschaft und Leichtindustrie.

Die Tatsache, daß der Politik zur Verringerung der antijapanischen Einstellung in der Bevölkerung kein Erfolg beschieden ist, ist neben der wirtschaftlichen Ausbeutung des Landes vor allem auch auf den Versuch der Kolonialverwaltung zurückzuführen, die kulturelle Eigenständigkeit Koreas auszulöschen. Die seit 1937 verfolgte Assimilationspolitik erreicht Anfang der vierziger Jahre ihren Höhepunkt: In den Schulen wird ausschließlich in Japanisch unterrichtet, die Bevölkerung wird gezwungen, ihre Namen ins Japanische zu ändern, bei jeder öffentlichen Zusammenkunft wird ein Treueeid auf den japanischen Kaiser geleistet und die Bürger werden zum Besuch von Shinto-Schreinen angehalten.

Mit dem Ausbruch des chinesisch-japanischen Krieges (1937) werden der Ausbau der koreanischen Schwerindustrie und die Ausbeutung der Rohstoffe beschleunigt. Durch den Export aller entbehrlichen Nahrungsmittel und Rohstoffe nach Japan gerät Korea in der Folgezeit an den Rand des wirtschaftlichen Ruins. Nach dem japanischen Überfall auf Pearl Harbour (7.12. 1941), bei dem ein Großteil der amerikanischen Pazifikflotte zerstört wird, werden Zehntausende Koreaner zum Militärdienst herangezogen oder in japanischen Rüstungsbetrieben zur Zwangsarbeit verpflichtet.

Als sich allmählich ein Sieg der amerikanischen Streitkräfte abzeichnet, nimmt die koreanische Exilregierung mit den Alliierten Kontakt auf, um die koreanische Unabhängigkeit nach Ende der Feindseligkeiten sicherzustellen. In der Regierung des amerikanischen Präsidenten Roosevelt reift derweilen die Vorstellung, Korea, Indochina und die pazifischen Inseln nach dem Krieg unter alliierte Treuhandschaft zu stellen. Der Grundgedanke ist hierbei, daß die multilaterale Treuhandschaft einerseits den unilateralen Kolonialismus ersetzen und die Völker nach einer gewissen Übergangszeit in die Unabhängigkeit entlassen solle, daß sie aber andererseits einen gewissen amerikanischen Einfluß in diesen Staaten sichere.

Auf der Konferenz von Kairo (1943) kommt deshalb auch die koreanische Frage zur Sprache, wobei die Teilnehmerstaaten Amerika, Großbritannien und China dem koreanischen Volk „zu gegebener Zeit" die Souveränität in Aussicht stellen. In der Konferenz von Jalta (1945) wird die koreanische Frage dann erneut behandelt. Stalin und Roosevelt einigen sich dabei auf eine internationale Treuhandschaft für Korea.

Als Japan nach dem Abwurf der Atombomben auf Hiroshima und Nagasaki sowie nach dem Kriegseintritt Rußlands am 14. August 1945 die bedingungslose Kapitulation erklärt, stehen zwar russische Truppen bereits in Korea, die amerikanischen Streitkräfte aber befinden sich noch im Südpazifik. Die USA befürchten deshalb, daß Rußland das entstandene Machtvakuum in Korea ausfüllen könnte. Mit dem Ziel, sich einen Fuß auf der koreanischen Halbinsel zu sichern, beschließt deshalb das Koordinationskomitee der Streitkräfte am 11. August, Stalin die Teilung des Verantwortungsbereiches der beiden Kriegspartner in Korea am 38. Breitengrad vorzuschlagen. Überraschenderweise stimmt Stalin diesem Vorschlag zu, der der aktuellen militärischen Situation in keiner Weise gerecht wird, da er darauf bedacht ist, gute Beziehungen zu dem neuen amerikanischen Präsidenten Truman zu entwickeln, um sich so ein Mitspracherecht bei der zukünftigen Entwicklung Japans zu sichern.

Endgültig wird das Nachkriegsschicksal Koreas im Moskauer Vertrag vom 20. Dezember 1945 geregelt, der u. a. eine fünfjährige Treuhandschaft von Amerika, Rußland, Großbritannien und China für Korea sowie die Einrichtung einer sowjetisch-amerikanischen Kommission zur Bildung einer provisorischen koreanischen Regierung vorsieht. Das Bekanntwerden des Moskauer Vertrages löst in Korea, in dem der Jubel über die Befreiung von der japanischen Kolonialmacht kaum verstummt ist, einen Sturm der Entrüstung aus; erneut soll die koreanische Unabhängigkeit und Freiheit durch das Eingreifen fremder Staaten beschnitten werden.

Im Frühjahr 1946 tritt die gemeinsame Kommission der Besatzungsmächte zum ersten Mal zusammen, kann aber über die wichtigste Frage der Bildung einer provisorischen Regierung keine Einigung erzielen. Noch im selben Jahr kommt es auf politischer Ebene zu einer klaren Trennung zwischen Nord- und Südkorea: Während die Amerikaner im Süden einen repräsentativen demokratischen Rat mit dem Vorsitzenden Yi Sŭngman bilden, wird in Nordkorea ein provisorischer Volksausschuß als administratives Organ gewählt. An die Spitze des Volksausschusses tritt Kim Ilsŏng, der seit 1931 Mitglied der kommunistischen Partei Koreas ist.

Nachdem in bilateralen Gesprächen keine für beide Seiten tragbare Lösung der Korea-Frage erzielt wird und Rußland eine von den USA vorgeschlagene alliierte Außenministerkonferenz ablient, ruft Amerika die Vereinten Nationen an. Die Vollversammlung der UNO beschließt nach eingehender Diskussion, in Korea unter Aufsicht der UNO freie Wahlen abzuhalten. Da die UNO-Kommission zur Überwachung der Wahlen keine Einreisegenehmigung nach Nordkorea erhält, können die vorgesehenen Wahlen zur verfassunggebenden Nationalversammlung zunächst nur in Südkorea abgehalten werden. Nach Ausarbeitung einer Verfassung wird am 15.8. 1948 die Republik Korea proklamiert. Die Sowjetunion ist freilich nicht bereit, ihren Einfluß in Korea preiszugeben: unter ihrem Druck beschließen kommunistische Organisationen aus ganz Korea Wahlen zu einer Obersten Volksversammlung, die am 25. August 1948 abgehalten werden. Im Anschluß an die erste Sitzung der Obersten Volksversammlung wird als Gegenpart zur Republik Korea die Demokratische Volksrepublik Chosŏn ausgerufen. Damit ist die Teilung Koreas endgültig besiegelt. Rußland, das schon frühzeitig mit der militärischen Aufrüstung Nordkoreas begonnen hat, kündigt im Dezember 1948 den Rückzug seiner Truppen aus Korea an. Unter dem Eindruck des sowjetischen Truppenabzugs sehen sich auch die Amerikaner veranlaßt, ihre Streitkräfte in die Heimat zu verlegen, und überlassen damit der eilends auf 65 000 Mann aufgestockten südkoreanischen Armee die Verantwortung für die Landesverteidigung.

Überfall im Morgengrauen: Der Koreakrieg

Knapp neun Jahre nach dem japanischen Überfall auf Pearl Harbour ist es erneut ein Überraschungsangriff, der die Weltöffentlichkeit den Atem anhalten läßt. Im Morgengrauen des 25. Juni 1950 überschreiten nordkoreanische Truppen den 38. Breitengrad und treffen auf einen zahlenmäßig unterlegenen und schlecht ausgerüsteten Gegner. Innerhalb weniger Tage erobern die nordkoreanischen Truppen Seoul und stoßen weiter nach Süden vor.

Der Versuch der Nordkoreaner, die Vereinigung des Landes gewaltsam mittels eines Bruderkrieges herbeizuzwingen, trifft jedoch auf den massiven Widerstand des eilends einberufenen Weltsicherheitsrates der Vereinten Nationen, der in Abwesenheit der UdSSR Nordkorea als Aggressor vorurteilt und die Mitgliedstaaten der UNO auffordert, Südkorea militärisch zu unterstützen. Obwohl erste amerikanische Einheiten bereits am 2. Juli bei Pusan in die Kämpfe eingreifen, gelingt es den nordkoreanischen Truppen, fast die gesamte Halbinsel einzunehmen. Erst der massive Einsatz der amerikanischen Luftwaffe kann den Vormarsch des Feindes längs des Flusses Naktong bei Taegu stoppen.

Ein strategisch überaus kühner Schachzug von General MacArthur, dem Oberbefehlshaber der amerikanischen Pazifikstreitkräfte, bringt dann eine Wende zugunsten Südkoreas: Am 15. September landen vierzigtausend Marineinfanteristen in Inch'ŏn, einer Hafenstadt 30 km westlich von Seoul, und fallen damit dem Gegner in den Rücken. Die nordkoreanischen Truppen, von dieser Zangenbewegung überrascht, sehen sich von ihren Nachschubverbindungen abgeschnitten und ziehen sich nach Norden zurück. Innerhalb von vierzehn Tagen gewinnen die Streitkräfte der USA und der Vereinten Nationen (16 Staaten) das Gebiet südlich des 38. Breitengrades zurück. Ende Oktober fällt die nordkoreanische Hauptstadt P'yŏngyang und Ende November erreichen amerikanische Eliteeinheiten sogar den Yalu, den Grenzfluß zu China.

Um eine Eskalation des Krieges zu vermeiden, wird MacArthur angewiesen, unter keinen Umständen den Grenzfluß zu überschreiten. Obwohl im November 1950 jenseits der Grenze bereits sechzehn chinesische Armeekorps Stellung bezogen haben, sind MacArthur damit hinsichtlich der Zerstörung der Brücken über den Yalu praktisch die Hände gebunden. Dank dieser auf eine Konfliktbegrenzung ausgerichteten Politik Washingtons gelingt es den Chinesen relativ problemlos, im Laufe des Novembers gut 300 000 Mann nach Nordkorea einzuschleusen und zusammen mit den regulären nordkoreanischen Truppen eine Gegenoffensive einzuleiten.

Die alliierten Truppen sind durch das chinesische Eingreifen zu einem strategischen Rückzug gezwungen, bei dem zu Beginn des Jahres 1951 die südkoreanische Hauptstadt erneut in die Hände des Gegners fällt. Zur Vorbereitung eines Gegenangriffs ziehen sich die UNO-Truppen und die 8. amerikanische Armee in Stellungen ca. 110 km südlich des 38. Breitengrades zurück. Mit dieser neuen Offensive, die im Februar eingeleitet wird, gelingt es den alliierten Streitkräften, die nordkoreanischen und chinesischen Verbände bis zum 38. Breitengrad, dem Ausgangspunkt des Kriegsgeschehens, zurückzudrängen. In der Folgezeit entwickelt sich ein zäher Stellungskrieg, bei dem keine der beiden Seiten entscheidende Vorteile für sich verbuchen kann. Im April des Jahres wird General MacArthur als Oberkommandierender der amerikanischen Pazifikstreitkräfte von Präsident Truman abberufen.

Zur Überraschung der Vereinten Nationen und der Weltöffentlichkeit schlägt der sowjetische UNO-Delegierte Ende Juni 1951 Schritte zur Beilegung der Feindseligkeiten vor. Nach der Kontaktaufnahme zur nordkoreanischen Regierung werden am 10. Juli langwierige Waffenstillstandsverhandlungen zwischen den betroffenen Parteien aufgenommen, die von verlustreichen Kämpfen der sich im Grenzgebiet starr gegenüberstehenden Fronten begleitet werden. Nach zweijährigen Verhandlungen und 765 Konferenzen kommt es schließlich am 27. Juli 1953 in P'anmunjŏm, einem Dorf im Grenzgebiet, zur Unterzeichnung der Waffenstillstandsvereinbarung.

III. Die politische Entwicklung Südkoreas nach 1953

Zweimal wälzten sich die Kampfhandlungen des Koreakrieges über Südkorea hinweg. Sie hinterließen eine blutige Spur des Todes, der Zerstörung, der Trennung. Heute ist davon auf den ersten Blick nicht mehr allzu viel zu sehen: Die äußeren Narben des Krieges sind beseitigt. Doch dieser erste Eindruck trügt: Das Trauma des Koreakrieges, die Schatten der Bedrohung aus dem Norden prägen noch immer Politik und Gesellschaft Südkoreas. Auf Schritt und Tritt begegnen dem aufmerksamen Besucher die Spuren der militärischen Konfrontation, zeigen sich hinter der Fassade des geschäftigen Alltagslebens die kalten Realitäten einer Gesellschaft, die stets für einen neuen Krieg gerüstet sein muß. Seoul liegt nur wenige Kilometer südlich der Waffenstillstandslinie, die Nord- und Südkorea voneinander trennt, und die Bedrohung aus dem Norden ist hier allgegenwärtig. Die auffällig breiten, trichterförmigen U-Bahn-Eingänge und die kilometerlangen, weitverzweigten unterirdischen Einkaufspassagen würden im Ernstfall von Luftangriffen zu Schutzräumen für Millionen: die obersten Stockwerke der Luxushotels von Seoul, in denen anderswo Dachrestaurants und „Skylounges" eingerichtet sind, beherbergen hier Luftabwehrgeschütze.

Kein anderes Faktum ist für das Verständnis der politischen Entwicklung Südkoreas von solcher Bedeutung wie die Bedrohung aus dem Norden. Wirtschaftsstrategie, Außenpolitik und innenpolitische Entwicklungen sind eng mit dieser Bedrohung verzahnt: Der bewundernswerte Aufschwung der südkoreanischen Wirtschaft seit Beginn der sechziger Jahre wurde von einer Militärjunta generalstabsmäßig geplant und umgesetzt, die darin eine entscheidende Voraussetzung für die Stabilisierung Südkoreas, für einen Abbau der militärischen Unterlegenheit des Südens und letztlich wohl auch für eine

Wiedervereinigung Koreas unter nichtkommunistischem Vorzeichen sah. Die Außenpolitik wurde durch das Bündnis mit den USA geprägt, das im Inferno des Koreakrieges geschmiedet wurde und bis heute neben den südkoreanischen Streitkräften die zweite Säule der südkoreanischen Sicherheit bildet. Die Innenpolitik schließlich erlebte immer wieder eine krisenhafte Zuspitzung der Frage: Wieviel Demokratie gestatten die um die Stabilität des Landes und die Gefahr aus dem Norden besorgten Militärs Südkorea? Kann sich das Land eine pluralistische Öffnung erlauben; kann es sich umgekehrt erlauben, eine derartige Öffnung immer wieder auf den Sankt-Nimmerleins-Tag zu verschieben?

Innen- und Außenpolitik sind also in Südkorea so eng miteinander verwoben wie in kaum einem anderen Land. Unter Verweis auf die Gefahr aus dem Norden haben die Militärs in Südkorea zweimal die Macht selbst in die Hand genommen, haben sie Südkorea zu einem „Kasernenstaat", einem stark militärisch geprägten Gemeinwesen gemacht. Auseinandersetzungen um die richtige Strategie zu einer Wiedervereinigung zwischen Nord- und Südkorea spielten immer wieder auch eine Rolle im Konflikt zwischen Regierung und Opposition.

Wie groß die Bedrohung durch Nordkorea tatsächlich ist, läßt sich schwer beurteilen. Nordkoreas Regime ist selbst für Südkoreaner kaum zu durchschauen. Sicherlich diente der Hinweis auf die Gefahr aus dem Norden immer wieder als bequeme Rechtfertigung für politische Übergriffe und Unterdrückung zur eigenen Machterhaltung. Fraglich ist auch, ob die Politik der Militärs, Südkorea wie eine Kaserne unter eiserne Disziplin zu nehmen, auf die Dauer wirkliche Stabilität schaffen kann. Dennoch ist die Gefahr eines Angriffs aus dem Norden nicht völlig von der Hand zu weisen. Dafür sprechen die Versuche nordkoreanischer Agenten in den sechziger Jahren, das „Blaue Haus", den Sitz des Präsidenten, zu sprengen, ebenso wie die in den siebziger Jahren entdeckten Tunnels unter der Demarkationslinie mit eigener Infrastruktur und allen notwendigen Einrichtungen, um größere Kontingente von Nordkoreanern unbemerkt in den Süden zu infiltrieren. 1983 war es dann der Bombenanschlag nordkoreanischer Agenten in Rangoon auf eine südkoreanische Regierungsdelegation, der die Unberechenbarkeit und Gewalttätigkeit des nordkoreanischen Regimes blutig unterstrich. Zwar entkam Staatspräsident Chŏn Duhwan durch einen Zufall diesem Anschlag, aber siebzehn hochrangige südkoreanische Regierungsmitglieder (immerhin ein Fünftel des Kabinetts) wurden durch die Bombenexplosion getötet.

Neben der Bedrohung durch Nordkorea spielt ein zweites Element eine entscheidende Rolle für das Verständnis der koreanischen Politik: Die beispiellose Transformation der südkoreanischen Wirtschaft und Gesellschaft innerhalb einer Generation. Das atemberaubende Tempo der Entwicklung des Landes führte die Südkoreaner innerhalb von dreißig Jahren aus bitterster Armut und Unterentwicklung in die Spitzengruppe der Schwellenländer, deren statistisches Pro-Kopf-Einkommen dem der ärmeren Industriestaaten immer näher rückt. Es stieß das Agrarland Korea ins Industriezeitalter und verpflanzte eine primär ländliche Bevölkerung durch gewaltige Binnenwanderungsbewegungen in die Städte. Aus Bauern und Handwerkern wurden so Industriearbeiter und Angestellte in riesigen Konzernen, deren Produktpalette bis in die modernsten Verzweigungen des High Tech hineinreicht. Diese wirtschaftlichen und sozialen Umwälzungen, diese enorme Expansion und Auffächerung wirtschaftlicher und sozialer Strukturen rissen Menschen aus ihrer traditionellen Umgebung, ließen sie nach neuen Formen der Verankerung suchen, aber sie mobilisierten und politisierten sie auch. Entwurzelung, Entfremdung und Erbitterung über ausbleibende materielle Belohnungen für die harte Arbeit, aber auch zunehmende Bildung, steigende Erwartungen und der Anspruch auf demokratische Mitsprache bildeten vor allem in den städtischen Ballungszentren den Nährboden, aus dem die politische Opposition mit ihren Forderungen nach mehr Demokratie ihre Stärke zog. Demgegenüber stand freilich auch eine große Schwäche: die traditionelle Zersplitterung der politischen Parteien in rivalisierenden Fraktionen.

Die militärische Bedrohung aus dem Norden machte aus Südkorea einen Kasernenstaat und rechtfertigte den Machtanspruch der Militärs; die Zerrissenheit der politischen Parteien begünstigte diesen Machtanspruch weiter. Zugleich lieferten jedoch die dramatischen sozialen und wirtschaftlichen Umwälzungen die politische Sprengkraft, die das Kasernenhof-System der politischen Reglementierung durch die Militärs immer wieder unterminierte. Die krisenhaften Zuspitzungen der südkoreanischen Innenpolitik seit 1953 – der Sturz der Diktatur von Yi Sŭngman 1960 und der Militärputsch 1961; der Ausbau der Militärherrschaft unter Staatspräsident Park 1972; die Phase von der Ermordung Parks im Oktober 1979 bis zur erneuten Machtübernahme der Militärs im Mai 1980, und schließlich die jüngsten Auseinandersetzungen zwischen Regierung und Opposition seit 1985 – waren stets auch Manifestationen dieses Spannungsverhältnisses. Dabei spielten vier politische Akteure bzw. Gruppierungen die wichtigsten Rollen: Das Militär und sein Sicherheitsapparat; die Parteien; die Studenten und die christlichen Kirchen.

1. Der Fall der Ersten Republik: 1960

Seoul, 19. April 1960. Zehntausende von unbewaffneten Studenten strömen im Zentrum der Hauptstadt zusammen, ziehen vor den Palast des Präsidenten Yi Sŭngman. Polizeieinheiten vor dem Gebäude eröffnen das Feuer, es gibt Tote und Verletzte. Der Sturm der Entrüstung über diese blutige Reaktion der Regierung fegt die Erste Republik binnen weniger Tage hinweg. Yi Sŭngman zieht sich zehn Tage später ins Exil nach Hawaii zurück, sein Vizepräsident hatte bereits vorher Selbstmord begangen. Die Regierungspartei, Yi Sŭngmans wichtigstes politisches Machtinstrument, zerfällt binnen weniger Wochen. Ein zunehmend diktatorisches und korruptes politisches System wird damit von einer Woge der allgemeinen Unzufriedenheit hinweggefegt. Südkorea scheint auf dem Weg zur Demokratie.

Yi Sŭngman

Yi Sŭngman war im August 1948 – damals bereits im fortgeschrittenen Alter von 73 Jahren – zum ersten Präsidenten der Republik Korea gewählt worden. Seine makellose Reputation als Gegner der japanischen Besatzungsmacht, seine beachtlichen intellektuellen Qualitäten (er besaß den Doktorgrad der Universität Princeton), seine guten internationalen Verbindungen, seine profunde Kenntnis des Westens und schließlich die Unterstützung der USA, die sich zu dieser Zeit aus Korea zurückzuziehen trachteten und dazu eilends ein funktionsfähiges demokratisches System zu etablieren suchten, all das machte ihn zum offensichtlichen Anwärter auf dieses Amt. Doch Yi war alles andere als ein Demokrat. Er stützte sich auf eine Polizei, die ihre unter der japanischen Besatzung entwickelten Unterdrückungsmethoden ebenso beibehielt wie ihre blinde Loyalität gegenüber den Machthabern. Er schuf sich mit der Liberalen Partei ein korruptes, willfähriges politisches Machtinstrument und sorgte durch die Schaffung immer neuer bürokratischer Strukturen für ein Netzwerk persönlicher Gefolgsleute und Nutznießer seiner Herrschaft: 1953 verfügte Südkorea bereits über dreimal soviele Staatsbedienstete wie Gesamtkorea unter der japanischen Besatzung!

Der Verfall der Ersten Republik

Um seine Wiederwahl im Parlament und eine Verfassungsänderung durchzusetzen, die die Direktwahl des Präsidenten und des Vize-Präsidenten einführen sollte, griff Yi schon 1952, noch während des Koreakrieges, zu massiven Methoden der Einschüchterung: Wiederwahl und Verfassungsänderung konnten erst durchgesetzt werden, nachdem Parlamentarier verhaftet und mit fadenscheinigen Begründungen vor Gericht gezerrt worden waren. Ziel des Regimes war dabei, neben eigensüchtigen Motiven, zweifellos die innenpolitische Stabilisierung Südkoreas in dem inzwischen zum Stellungskampf erstarrten Krieg mit dem kommunistischen Norden.

Der Schock des Koreakrieges und die handfesten Repressionsmethoden des Regimes bescherten dem Land dann auch einige Jahre trügerischer Ruhe. Unter der Oberfläche jedoch staute sich die Unzufriedenheit: Die oppositionelle Demokratische Partei bekam Aufwind. Zur Speerspitze der Opposition freilich wurden immer mehr die Studenten der Hauptstadt. Seoul, dessen Bevölkerung sich zwischen 1952 und 1960 auf 2,4 Millionen verdoppelte, war zu Beginn der sechziger Jahre zu einem der größten Erziehungszentren der Welt geworden. Etwa 90 000 Studenten drängten sich dort in 31 Colleges und Universitäten, frustriert vom Massenbetrieb, enttäuscht, verbittert und mit deprimierenden Zukunftsaussichten: Selbst offizielle Quellen schätzten die „Abfallquote" des Hochschulsystems auf 50%; unabhängige Quellen meinten, kaum mehr als 10% aller Hochschulabsolventen hätten im mörderischen Ausleseverfahren des Bildungssystems und des Arbeitsmarktes letztlich eine Chance, einen ihrer Ausbildung angemessenen Arbeitsplatz zu finden.

Studentenunruhen

Als Yi Sŭngman, nunmehr 85 und zusehends senil, angesichts der wachsenden Stärke der Opposition bei den Präsidentschaftswahlen 1960 um seine und seines ebenso gebrechlichen Vize-Präsidentschaftskandidaten Wahlchancen fürchtete und sich Gerüchte über Pläne zur massiven Wahlverfälschung häuften, da begannen sich die Studenten in kleinen Geheimbünden für die „Rettung der Demokratie" zu organisieren. Die Präsidentschaftswahlen am 15. März 1960 wurden in der Tat zu einer Farce: Wahlurnen verschwanden, wurden durch vorher gefüllte ersetzt, Oppositionsstimmen vernichtet, kurz: das Wahlergebnis entbehrte jeglicher Glaubwürdigkeit.

Am Wahltag selbst hatte die Polizei mehrere Anhänger der Demokratischen Partei in Masan erschossen, drei Tage später fand man den verstümmelten Leichnam eines zu Tode gefolterten Studenten. Dies löste eine Welle von Unruhen aus, die am 18. April auf Seoul übergriffen. Eine friedliche Studentendemonstration wurde dort auf dem Rückweg von Gangs überfallen, die offensichtlich auf Weisung der Polizei auf die Demonstranten angesetzt worden waren. Das Ergebnis waren die Massenproteste des 19. April und schließlich der Sturz des Regimes. Sein Fall hinterließ ein Machtvakuum: Die Oppositionspartei hatte kaum Verbindung mit den revoltierenden Studenten, diese jedoch brachten nichts mit als demokratischen Enthusiasmus, keine Programmatik, keine politische Führung, keine politischen Organisationen.

2. Ein demokratisches Zwischenspiel

Schwächen der Zweiten Republik: Zersplitterung der politischen Kräfte

Die Einleitung des politischen Demokratisierungsprozesses fiel schließlich in die Hände eines alten Vertrauten Yis, Ho Chŏng, der sich jedoch seit langem von dem Diktator und seinen Methoden abgewandt hatte. Seine Übergangsregierung bereitete – unterstützt von einem breiten Konsensus – Verfassungsänderungen vor, die die Zweite Republik einläuteten: Ein parlamentarisches System mit einem in seinen Kompetenzen stark beschränkten Präsidenten, einer starken Nationalversammlung und einem Ministerpräsidenten als wichtigstem Repräsentanten der Exekutive. Ende Juli fanden Parlamentswahlen statt – die koreanische Demokratie schien auf dem richtigen Weg zu sein. Doch schon die Bildung der Regierung erwies sich als schwierig: die Zersplitterungstendenzen in der Demokratischen Partei begannen sich immer stärker bemerkbar zu machen. Die grundsätzlich richtigen, aber vorsichtigen und mühseligen Reformversuche des Ministerpräsidenten Chang Myŏn waren nicht in der Lage, die dramatischen wirtschaftlichen und sozialen Probleme des Landes über Nacht zu bewältigen. Der Sieg der Studenten über die Polizei führte zudem zu einem Anschwellen der Kriminalität. Die Studenten, unzufrieden mit den langsamen Fortschritten und beflügelt von ihrem Wunsch nach Wiedervereinigung, wandten nun ihre Energien gegen die USA und forderten Kontakte mit dem Norden. Nordkorea versuchte offenbar, sich dies zunutze zu machen, und begann Studentenorganisationen zu infiltrieren.

Mangelnde politische Unterstützung der Bevölkerung

Entscheidend für die Schwäche der Zweiten Republik war wohl jedoch die mangelnde Unterstützung, die der Regierung von der Bevölkerung zuteil wurde: Nach der Revolution, die Südkorea für einige Wochen zusammengeschweißt und inspiriert hatte, machte sich rasch wieder ein Hang zum Zynismus gegenüber den Machthabern breit, der in der politischen Kultur Koreas tief verwurzelt scheint.

Der Militärputsch

Am 16. Mai 1961 zerbrach die Zweite Republik nach einem kurzen und gewaltlosen Militärputsch, organisiert von einer Gruppe von etwa 250 Offizieren unter Führung von Generalmajor Park Chŏnghi. Innerhalb von wenigen Wochen wurden über 2000 Politiker sowie etwa 13 000 Beamte und Offiziere verhaftet, entlassen oder zwangspensioniert. 49 der 64 Tageszeitungen Seouls wurden geschlossen. Organisierte Banden und Kriminelle wurden hinter Gitter gebracht, drakonische Strafen sollten für eine Hebung der öffentlichen Moral sorgen. Der Revolutionsrat der Militärjunta gelobte die Verwirklichung von sechs Zielen: Antikommunismus, enge Bande zu den USA, „Ausrottung aller Korruption und sozialen Übel", Schaffung einer „neuen Moral" und schließlich den Aufbau der Wirtschaft. Die Militärs versprachen, sich nach Erreichung dieser Ziele aus der Politik zurückzuziehen.

3. Die Ära Park: Das Militär übernimmt die Macht

Die Ermordung Parks 1979

Seoul, 26. Oktober 1979. Es ist 18.20 Uhr abends. Die Limousine von Staatspräsident Park hält vor einem Seitengebäude des „Blauen Hauses", dem weitläufigen Sitz des Präsidenten. Dieses Gebäude wird vom KCIA, dem koreanischen Geheimdienst, benutzt; Park und seine Begleiter, Cha Chichŏl und Kim Kaewŏn sowie eine fünfköpfige Leibwache, werden von Kim Jaekyu, dem Chef des KCIA, zu einem Abendessen empfangen. Die vier Teilnehmer an diesem intimen Abendessen sind alle ehemalige Offiziere: Kim Jaekyu, der Gastgeber, ist ein Jugendfreund Parks und jahrelanger enger Mitarbeiter; Cha Chichŏl, jetzt Chef-Leibwächter und engster Berater des Staatspräsidenten, und Kim Kaewŏn, Leiter des Beraterstabes des Präsidenten und zuvor Generalstabschef, dann für ein Jahr Direktor des KCIA, haben Parks Staatsstreich 1961 unterstützt und mitgetragen.

Die Atmosphäre an diesem Abend ist gespannt: Cha kritisiert den KCIA-Chef heftig für dessen angeblich zu weiche Haltung gegenüber einer Welle innenpolitischer Proteste. Der abgekanzelte Geheimdienstchef verläßt zweimal den Raum, um die letzten Vorkehrungen für einen verwegenen Plan zu treffen: Er steckt sich einen Smith & Wesson Revolver in den Hosenbund und fordert einige seiner Mitarbeiter auf, sich der Leibwache Parks anzunehmen. Gegen 19.40 Uhr zieht Kim Jaekyu seinen Revolver, schießt zuerst auf Cha, dann auf Park. Beide sind zunächst nur verwundet. In einem Nebenraum erschießen KCIA-Mitarbeiter inzwischen vier der fünf Leibwächter Parks und verwunden den fünften schwer. Der KCIA-Chef verschafft sich von einem seiner Mitarbeiter eine neue Waffe und tötet zunächst Cha, dann Park mit einem Kopfschuß. Es ist 19.50 Uhr. Die erste Phase eines gewagten Komplotts, das Park beseitigen und den Geheimdienstchef als seinen Nachfolger an die Macht bringen sollte, ist abgeschlossen.

Doch schon in derselben Nacht beginnen die Ereignisse Kim aus der Hand zu laufen: Die Armee weigert sich, bei Kims Plänen mitzuspielen. Als dann Parks Privatsekretär Kim Kaewŏn, der zunächst die Pläne des Geheimdienstchefs mitgetragen hatte, den Hergang der Ereignisse im Rahmen einer Krisensitzung von Kabinett und Spitzenvertretern der Armee aufdeckt, ist der zweite Teil des Komplotts endgültig gescheitert: Wenige Minuten später wird der KCIA-Chef verhaftet, das Land unter Kriegsrecht gestellt, Ministerpräsident Choe Kyuha zum amtierenden Präsidenten ernannt. So endet die Ära Park.

Der Hintergrund: Bilanz der Ära Park

Park Chŏnghi kam im Gegensatz zu seinen Vorgängern aus einfachen Verhältnissen: Er wurde 1917 als siebtes Kind einer armen Bauernfamilie geboren. Ehrgeizig, intelligent und verschlossen, suchte Park den einzigen Weg nach oben, der ihm zur Zeit der japanischen Besatzung offenstand: den Weg über die kaiserliche japanische Armee. 1940 trat er in die Offiziersschule der Mandschurischen Armee ein, 1942 schloß er als Klassenbester ab und erwarb somit die Möglichkeit einer Ausbildung an der japanischen Militärakademie. Die Offiziersausbildung gab Park das, worauf er Zeit seines Lebens setzte: unbedingtes Vertrauen in eiserne Disziplin und hierarchische Autorität. Zugleich weckte sie in Park eine Art Haßliebe zu den Japanern: Er haßte sie für die Unterdrückung seines Vaterlandes, doch er bewunderte ihre Zähigkeit und Rücksichtslosigkeit, ihre harte Arbeit, ihre Effizienz. 1946 trat Park in die neugegründete koreanische Armee ein und besuchte dort die Militärakademie; die Offizierskollegen seines Jahrgangs bildeten die Kerngruppe der Junta, die 1961 die Macht übernahm.

Die Bilanz der Ära Park ist eine Summe greller Kontraste: auf der einen Seite stehen die dramatischen Wirtschaftserfolge Südkoreas, die zweifellos nicht zuletzt Parks energischer und zielstrebiger Wirtschaftspolitik zu danken waren. Doch dieses

Wirtschaftswunder hatte seine Schattenseiten: die unbarmherzige Ausbeutung der menschlichen Arbeitskraft im Dienste der Investition in die Zukunft, das wachsende wirtschaftliche und soziale Gefälle zwischen Stadt und Land, die einseitige, von einigen Großkonzernen beherrschte Industriestruktur. Vor allem jedoch blockierte und verstümmelte die Herrschaft der Militärs unter Park die südkoreanische Innenpolitik: Die demokratische Entwicklung Südkoreas stagnierte, politisch blieb das Land unterentwickelt.

Parks Versuch, Südkoreas Aufschwung über Kasernenhof-Disziplin und technokratische Steuerung statt über politische Beteiligung und Demokratisierung zu bewerkstelligen, zerschellte schließlich an seinen inneren Widersprüchen und an den klassischen Problemen der Alleinherrschaft. Gewiß: Korea hatte bis 1945 keine Erfahrung mit der Demokratie, und es ist sicherlich nicht ohne Probleme, das Modell der westlichen Demokratie einfach auf einen anderen Kulturkreis zu übertragen. Die Interpretation dieser Ära durch wohlwollende Beobachter, nach der Parks Regime nichts anderes gewesen sei als eine moderne, Koreas politischer Kultur zutiefst entsprechende Version eines autoritären, bürokratischen Systems konfuzianischer Machtausübung – diese Interpretation freilich wurde durch die Ereignisse von 1979 und 1980 Lügen gestraft.

Parks Erbe wirkt über seinen Tod hinaus – und hier finden wir dieselbe Dissonanz: Auf der einen Seite hinterließ der General seinem Land die Voraussetzungen für einen weiteren wirtschaftlichen Aufschwung; auf der anderen Seite vererbte er den Südkoreanern verkümmerte und verkrüppelte politische Institutionen und eine Tradition der Einmischung des Militärs in die Politik.

Neuordnung der Innenpolitik

Als 1963 der Ausnahmezustand aufgehoben wurde, hatten die Militärs um Park längst alle Vorbereitungen getroffen, um ihre eigene Machtposition zu verbreitern und langfristig abzusichern: Der KCIA war geschaffen worden, einerseits um jegliche Form politischer Abweichung unter Kontrolle zu halten, andererseits als Organ zur Steuerung und Überwachung der Besetzung wichtiger Positionen in Staat, Wirtschaft und Gesellschaft. Eine politische Partei als parlamentarischer Arm der Militärherrschaft, die Demokratisch-Republikanische Partei (DRP), wurde aufgebaut und eine neue Verfassung – die Verfassung der Dritten Republik – vorbereitet. Sie sah eine Rückkehr zu einem ausgeprägten Präsidialsystem vor und wurde im Dezember 1962 mit einem Referendum verabschiedet. Damit hatte Park die Voraussetzungen geschaffen, um die allzu enge Basis der Offiziersjunta zu verbreitern und zugleich dem ständigen Drängen Washingtons nach Rückkehr zu einer Zivilregierung entgegenzukommen.

Im Herbst 1963 wurden Parlaments- und Präsidentschaftswahlen durchgeführt, ordnungsgemäß demokratisch zwar, doch sorgfältig vorbereitet und orchestriert. Dabei kam den Militärs auch die vom KCIA nach Kräften geschürte Zersplitterung der Opposition zugute. Durch die Aufstellung mehrerer Kandidaten für die Präsidentschaftswahlen und für die Parlamentswahl beging die Opposition trotz aller Warnungen und Mahnungen praktisch politischen Selbstmord. Zwar stimmten 53% der Wähler gegen Park als Staatspräsidenten, doch Park sicherte sich die relative Mehrheit; noch dramatischer war der Einbruch der Opposition bei den Parlamentswahlen, wo die DRP Parks mit 32% der abgegebenen Stimmen – aufgrund der Zersplitterung der Opposition und eines die stärkste Partei begünstigenden Wahlrechts – 63% der Parlamentssitze erobern konnte.

Normalisierung der Beziehungen zu Japan

Der Aufbau der koreanischen Wirtschaft setzte, wie Park richtig erkannte, die Normalisierung der Beziehungen zu Japan voraus. Gegen starken innenpolitischen Widerstand und unter krasser Mißachtung der parlamentarischen Spielregeln erreichte Park 1964 die Aufnahme diplomatischer Beziehungen mit Tokyo – und legte damit den Grundstein für eine dramatische Verbesserung der Wirtschaftssituation. Der Wirtschaftsaufschwung der sechziger Jahre verschaffte Park persönliche Popularität: Er verkörperte nunmehr für viele einen neuen Optimismus, ein neues Selbstvertrauen Südkoreas und konnte so sein Ergebnis bei den Präsidentschaftswahlen 1967 verbessern, obwohl sich die Oppositionsparteien nun endlich zur Neuen Demokratischen Partei (NDP) zusammengeschlossen hatten. Doch Park ließ auch nach einer nachdrücklichen Erinnerung an die Bedrohung aus dem Norden (ein 31-köpfiges Selbstmordkommando aus Nordkorea war am 21. Januar 1968 in Seoul gestellt worden, ehe es seinen Plan, die Ermordung Parks und weiterer führender Vertreter des Regimes, durchführen konnte) keinerlei Bereitschaft erkennen, in einen Dialog mit der Opposition einzutreten. Im Gegenteil: 1969 forderte Park eine Änderung der Verfassung, um 1971 für eine weitere Amtsperiode wiedergewählt werden zu können. Die Begründung: Südkorea brauche eine starke und kontinuierliche politische Führung, um die wirtschaftliche Entwicklung voranzutreiben und zum endgültigen Erfolg zu bringen; außerdem seien angesichts der nordkoreanischen Provokationen von einer Machtverschiebung in Südkorea Unruhen zu befürchten. In einer Nacht- und Nebelabstimmung ohne Wissen und Beteiligung der Opposition wurde die Verfassungsänderung im September 1969 vom Parlament verabschiedet und danach durch das obligatorische Referendum abgesegnet.

Wahlen

Der wachsende Widerstand gegen Parks Diktatur manifestierte sich in den Parlaments- und Präsidentschaftswahlen 1971. Zwar wurde Park wiedergewählt, doch sein Gegner, NDP-Kandidat Kim Daejung, erhielt über 45% der abgegebenen Stimmen. Vor allem verlor Park in den Städten. Auch die Parlamentswahlen zeigten, wie stark die städtischen Ballungszentren mit Park unzufrieden waren: Die NDP eroberte bis auf einen alle Wahlkreise in Seoul und steigerte ihren Anteil an den abgegebenen Stimmen von knapp 33% auf über 44%, allerdings überwiegend zu Lasten dritter Parteien. Immerhin sank der Stimmenanteil der Regierungspartei unter die 50%-Marke.

Das überraschend starke Abschneiden der Opposition, die über ihren Erfolg freilich rasch wieder in die alten Laster der Faktionsbildung und Zersplitterung zurückfiel, aber auch wachsende soziale Spannungen, die sich in Ausschreitungen, Streiks und Protestaktionen von Industriearbeitern und neuen Wellen von Studentendemonstrationen Luft machten, führten schließlich endgültig zur diktatorischen Alleinherrschaft Parks: den Yusin (= sozio-politische Erneuerung) -Reformen von 1972.

Hinzu kamen freilich gewichtige außenpolitische Entwicklungen: Die amerikanische Nixon-Administration erklärte ihre Entschlossenheit, die US-Militärpräsenz in Vietnam und Korea zu verringern, und eröffnete den politischen Dialog mit Peking. Damit veränderte sich die außenpolitische Konstellation in Ostasien; die Bündnisgarantien Washingtons für Südkorea schienen in diesem neuen Lichte nicht mehr die alte Güte zu besitzen. Park reagierte auf diese neuen weltpolitischen Entwicklungen 1971 ähnlich wie die Regierung Brandt/Scheel 1969 in der Bundesrepublik: Hatte die Bundesregierung die ostpolitische Initiative zu einer eigenständigen Entspannungspolitik ergriffen, suchte Park nun den Dialog mit dem Norden. 1971 eröffnete er auf hoher Ebene Geheimverhandlungen mit P'yŏngyang, die 1972 in offizielle Gespräche mündeten.

Die Yusin-Reformen: Der Weg in die Alleinherrschaft

Um in diesem Dialog bestehen zu können, bereitete Park die völlige politische Gleichschaltung vor: Ein neuer Verfassungsentwurf, der vierte der Nachkriegsgeschichte Koreas, wurde unter striktester Geheimhaltung formuliert. Am 17. Oktober 1972 verhängte Park über das Land den Kriegszustand. Die

Nationalversammlung wurde aufgelöst, die Parteien und jede Form der politischen Betätigung verboten, die Grundrechte eingeschränkt, die Presse streng zensiert. Die neue Verfassung (die sogenannte Yusin-Verfassung) ermöglichte es Park, sich unbegrenzt wiederwählen zu lassen; die Wahl erfolgte durch eine unpolitische, mehrtausendköpfige „Nationalkonferenz für Wiedervereinigung" und damit weder durch die Nationalversammlung noch durch die Wähler direkt. Die Machtfülle des Präsidenten unter der neuen Verfassung war umfassend. Im November 1972 wurde der Entwurf in einem Referendum, bei einer Wahlbeteiligung von fast 92%, mit überwältigender Mehrheit (92% Ja-Stimmen) angenommen – ein Resultat, das eine von der Regierung massiv suggerierte Krisenstimmung, die jegliche abweichende Position unterdrückte, widerspiegelte.

Park regierte nunmehr als unumschränkter Alleinherrscher. Sein gefährlicher Gegenspieler Kim Daejung wurde 1973 vom KCIA unter Hausarrest gestellt. Potentielle Rivalen und Nachfolger, die sich in seiner Regierung profilierten – wie etwa Kim Jŏngp'il, einer der Initiatoren des Putsches von 1961, Organisator des KCIA und der Regierungspartei DRP –, wurden abgeschoben, sobald sie Park gefährlich zu werden schienen. Der Kreis der Berater wurde immer enger, der Diktator geriet zunehmend unter den Einfluß seines Chef-Leibwächters Cha Chichŏl und verlor immer mehr den Kontakt mit der sozialen und politischen Realität im Lande. Die nächste Krise des Systems begann sich zusammenzubrauen.

Die ersten Symptome dafür zeigten sich im Jahr 1978. Außenpolitisch geriet Südkorea durch die amerikanische Regierung unter Druck. Präsident Carter hatte schon im Wahlkampf 1976 für den Fall seines Sieges einen Abzug der US-Truppen aus Korea angekündigt. Carters Kampagne für die Menschenrechte führte ebenfalls zu Spannungen zwischen Seoul und Washington. Vor allem jedoch sorgte „Koreagate" für eine Trübung des Bündnisses: Enthüllungen über massive Bestechungsgeschenke koreanischer Geschäftsleute aus Schatullen des KCIA für amerikanische Kongreßabgeordnete. Der steile Wirtschaftsaufschwung mündete in immer deutlichere Überhitzungserscheinungen. Eine Krise mit starkem Inflationsdruck und verschärften sozialen Spannungen zeichnete sich ab und führte zu wachsender Unzufriedenheit. Die Wahlen im Dezember 1978 spiegelten diese Unzufriedenheit wider. Es gelang der oppositionellen NDP, die Regierungspartei mit 32,8% gegenüber 31,7% der abgegebenen Stimmen zu übertreffen (7,4% der Stimmen entfielen auf eine weitere Oppositionspartei, der Rest auf unabhängige Kandidaten). Zwar sorgten die Eigenheiten des Wahlsystems dafür, daß die parlamentarische Mehrheit der DRP erhalten blieb, doch die Opposition bekam durch ihre Erfolge erheblichen Auftrieb. Im Mai 1979 wählte die NDP Kim Yŏngsam, einen scharfen Kritiker Parks, zu ihrem neuen Präsidenten, eine Entscheidung, die Parks großer Gegner und zugleich Rivale Kim Yŏngsams um die Führung der Opposition, Kim Daejung, ausdrücklich befürwortet hatte.

Einflüsse von außen verschärften die innenpolitische Lage in der zweiten Hälfte von 1979 weiter. Der Fall des Schahs von Persien ermutigte die südkoreanische Opposition: War hier nicht ebenfalls ein Alleinherrscher und enger Verbündeter Amerikas von einer Volkserhebung beiseite gefegt worden? Vor allem jedoch löste die iranische Revolution eine neuerliche Ölpreiswelle und damit schwerwiegende Anpassungsprobleme für die südkoreanische Volkswirtschaft aus. Die Regierung versuchte, das wirtschaftspolitische Ruder herumzuwerfen und auf Konsolidierung zu setzen, doch das Ergebnis war zunächst ein weiterer Inflationsschub und ein drastischer Rückgang des Wirtschaftswachstums mit zahlreichen Firmenzusammenbrüchen. Als sich 178 junge Textilarbeiterinnen im Hauptquartier der NDP versammelten, um gegen die Schließung ihres Unternehmens zu protestieren, stürmten mehrere Hundertschaften Bereitschaftspolizei das Gebäude. Eine Arbeiterin kam dabei ums Leben, mehrere Abgeordnete und Journalisten wurden verletzt. In der Folge richteten sich die Unterdrückungstaktiken des Regimes auch gegen die Vertreter der christlichen Kirchen, die mit engagierter Sozialarbeit unter Arbeitern und unter der Landbevölkerung in den Verdacht politischer Unterstützung der Opposition gerieten. Führende Kirchenvertreter wurden verhaftet und z. T. auch gefoltert, ehe Park die Konfrontation mit den Kirchen wieder abblies.

Den unbequemen Oppositionsführer Kim Yŏngsam versuchte das Regime durch einen Trick auszuschalten: Drei Abgeordnete der NDP fochten – wie sich später herausstellte, auf Betreiben des KCIA – die Wahl Kims zum Parteivorsitzenden gerichtlich an. Der Sitzungstermin für die Verhandlung wurde ungewöhnlich rasch festgesetzt und endete mit der zu erwartenden Absetzung Kims. Als dies nicht zur erhofften Isolierung Kims beitrug, schloß ihn die Nationalversammlung Anfang Oktober aus. Die Oppositionsabgeordneten gaben daraufhin unter Protest ihre Mandate zurück. Auch Washington reagierte scharf: Präsident Carter berief den US-Botschafter in Seoul zu Konsultationen zurück, um so sein Mißfallen über die brutale Repressionsstrategie Parks deutlich zu machen. Mitte Oktober kam es in Pusan, der zweitgrößten Stadt Südkoreas und der Heimat Kim Yŏngsams, zu tagelangen Massenprotesten und Ausschreitungen von Studenten und Arbeitern gegen die Regierung, die schließlich das Kriegsrecht über die Stadt verhängen mußte. Der amerikanische Verteidigungsminister Harold Brown, der zur selben Zeit Südkorea besuchte, erneuerte zwar bei dieser Gelegenheit Beistandsgarantien für Südkorea, drängte Park jedoch auch zu einer politischen Liberalisierung. Das Regime steckte in einer tiefen Krise, wenn es auch noch nicht entscheidend getroffen war. Dies war der Hintergrund, vor dem Geheimdienstchef Kim Jaekyu, der die harte Linie Parks für verfehlt und gefährlich hielt, sein Mordkomplott zu schmieden begann.

4. Von der Vierten zur Fünften Republik

Demokratisierungsbemühungen nach dem Tode Parks

Nach dem Tod Parks schien sich Südkorea zunächst auf den Pfad einer vorsichtigen Demokratisierung zu begeben. Premierminister Choe Kyuha wurde zum amtierenden und danach zum Interims-Präsidenten bestimmt; er verfügte im Dezember die Freilassung von etwa 70 politischen Dissidenten, darunter Kim Daejung, und kündigte freie Präsidentschaftswahlen an, an denen er selbst sich nicht beteiligen wollte. Ein Komitee aus Abgeordneten aller Parteien der Nationalversammlung wurde mit der Erstellung eines neuen Verfassungsentwurfs beauftragt. Die Presse konnte sich trotz der Aufrechterhaltung des Kriegsrechtes zunehmend freier bewegen. Auch in die Parteienlandschaft kam Leben: Die DRP ernannte Kim Jŏngp'il, den Organisator des Putsches von 1961 und Neffen Parks, der dann von diesem ausgebootet worden war und sich steinreich ins Privatleben zurückgezogen hatte, zu ihrem neuen Präsidenten; Kim Daejung, dessen bürgerliche Rechte im Frühjahr 1980 in vollem Umfang wiederhergestellt worden waren, versuchte zunächst, Kim Yŏngsam die Präsidentschaft der NDP zu entwinden. Als dies fehlschlug, konzentrierte er sich auf die Zusammenarbeit mit den Studenten.

Machtkämpfe in der Armee

Während Südkorea vor den Augen der Öffentlichkeit auf eine Demokratisierung zuzusteuern schien, spielte sich hinter den Kulissen etwas anderes ab: der Machtkampf innerhalb der Streitkräfte. Die Entscheidung fiel dort bereits im Dezember 1979. Unter Führung des Generalmajors Chŏn Duhwan, dem Chef des militärischen Sicherheitsapparates, wurde eine Untersuchung über die Hintergründe der Ermordung Parks eingeleitet. Dabei wurde zunehmend auch Generalstabschef Chung verdächtigt, der sich am Abend des Attentats in der

Nähe des Blauen Hauses aufgehalten, danach aber eine wichtige Rolle bei der Vereitelung des Putsches gespielt hatte. Am 12. Dezember 1979 wurde Chung nach einer Schießerei verhaftet und später zu zehn Jahren Gefängnis verurteilt. Die Entmachtung Chungs signalisierte den erfolgreichen Putsch einer Gruppe jüngerer Offiziere um Chŏn Duhwan (sie waren überwiegend 1955 von der Militärakademie graduiert und hatten sich dort zusammengefunden) gegen die etablierten Offiziere des Park-Regimes. Im April 1980 übernahm Chŏn neben seiner Funktion an der Spitze des militärischen Geheimdienstes auch noch den Vorsitz des Geheimdienstes KCIA und etablierte sich damit endgültig als der neue starke Mann in Südkorea.

Die Krise: Ausnahmezustand, Kwangju-Repression und Konsolidierung der Militärherrschaft unter Chŏn

Im April und Mai 1980 spitzte sich die innenpolitische Situation in Südkorea erneut krisenartig zu. Studentendemonstrationen, Arbeitsniederlegungen und Ausschreitungen häuften sich vor allem in der Provinz Chŏllado, der Heimat Kim Daejungs. Der 20. Jahrestag der Revolte gegen Yi Sŭngman (19. 4. 1980) und danach die vorgesehene Hinrichtung des Park-Attentäters Kim Jaekyu (24. 5. 80) rückten immer näher. Während dies den studentischen Protest zunehmend beflügelte, mehrten sich in der Armee die Vorbehalte gegen eine aus ihrer Sicht gefährliche Entwicklung, in die sich nun auch Nordkorea einzumischen begann. Die Militärs entschlossen sich zum Handeln. Am 17. Mai 1980 verhängten sie das Kriegsrecht, diesmal jedoch mit dem klaren Entschluß, das Heft nicht mehr aus der Hand zu geben. Kim Daejung, Kim Jŏngp'il und andere prominente Oppositionspolitiker wurden verhaftet. Einen Tag später kam es in Kwangju, der Provinzhauptstadt von Chŏllado, nicht weit von Kim Daejungs Geburtsort Mokp'o, zu einer Demonstration von etwa 2000 Studenten gegen Kriegsrecht und Verhaftungen. Die Auseinandersetzungen eskalierten schließlich zu mehrtägigen Straßenschlachten, bei denen etwa 1000 Fallschirmjäger im Zentrum Kwangjus mit großer Brutalität gegen die Demonstranten vorgingen, dann aber vor den überlegenen Massen flohen. In Kwangju übernahm daraufhin der Mob die Macht. Radikale Gruppen setzten sich über gemäßigtere Kräfte hinweg und rüsteten zum Kampf gegen die Truppen des Regimes. Erst am 27. Mai eroberten diese schließlich das Zentrum der Stadt zurück: 191 Tote und Tausende von Verletzten forderten die 10-tägigen mörderischen Kämpfe nach offiziellen Angaben; inoffizielle Schätzungen liegen sehr viel höher.

Kwangju setzt den Schlußpunkt unter die Liberalisierungsbemühungen. Die Militärs (unter Führung von Generalmajor Chŏn Duhwan) hatten erneut das Heft der Politik in die Hand genommen, begünstigt, einmal mehr, von dem Hang zur Zersplitterung und Radikalisierung in den politischen Parteien. Die neuen Männer fackelten nicht lange, um ihre Macht zu konsolidieren: Kim Yŏngsam und Kim Jŏngp'il wurden gezwungen, ihre politischen Aktivitäten aufzugeben; die politischen Parteien wurden aufgelöst. Kim Daejung wurde vor Gericht gestellt und schließlich zum Tode verurteilt, dann jedoch begnadigt. Über 8000 Beamte, Manager und Journalisten fielen Säuberungen zum Opfer, die Presse wurde gleichgeschaltet.

Im Herbst 1980 wurde eine neue Verfassung vorgestellt und per Referendum mit den zu erwartenden 91,6% der abgegebenen Stimmen verabschiedet; sie stellte eine Mischung aus präsidialem und parlamentarischem System dar. Der Präsident sollte, wie unter Parks Yusin-Verfassung, indirekt gewählt werden, seine Amtszeit blieb jedoch auf eine einzige siebenjährige Periode beschränkt. Das Parteiensystem wurde neu aufgebaut: Die Partei des Präsidenten wurde die Demokratische Gerechtigkeitspartei (DGP), die Oppositionsrolle fiel vor allem der Demokratischen Koreapartei, daneben auch der Koreanischen Nationalpartei und der Bürgerrechtspartei zu. Im Frühjahr 1981 wurden Neuwahlen für die Nationalversammlung und für das Wahlmännergremium durchgeführt, das unter der neuen Verfassung den Staatspräsidenten zu wählen hatte. Die Ergebnisse waren kaum überraschend: Chŏn erhielt 90% der abgegebenen Wahlmännerstimmen und sicherte seiner Partei, der DGP, eine knappe Mehrheit der Parlamentssitze.

Dialogversuche mit dem Norden

Gegenüber Nordkorea setzte Chŏn Parks Versuche einer offensiven Dialogpolitik energisch fort und ließ sich auch durch den Bombenanschlag von Rangoon von dieser Linie nicht abbringen. Das Ergebnis waren erste, wenn auch bescheidene Fortschritte konkreter Art: Nach schweren Überschwemmungen im Süden Koreas 1984 offerierte Nordkorea Hilfe – und wurde, wohl zu seiner eigenen Überraschung, von Südkorea beim Wort genommen. Das Ergebnis waren die ersten grenzüberschreitenden Aktionen seit der Teilung Koreas. Nordkoreanische Hilfsgüter wurden von einigen hundert Lastwagen nach Süden gefahren und dort an etwa 100 000 Familien verteilt; im Gegenzug erhielt jeder nordkoreanische Besucher von Südkoreas Rotem Kreuz ein Souvenir-Paket mit einer Palette von Produkten der südkoreanischen Konsumgüter-Industrie. 1985 gelang es sogar, ein erstes, wenn auch auf je 150 Personen begrenztes Programm zur Familienzusammenführung und zum gegenseitigen Besuch von Journalisten und Künstlern in Seoul und P'yŏngyang durchzuführen.

Die Ära Chŏn: Eine Zwischenbilanz

So ausgeprägt die Parallelen zwischen Parks und Chŏns Herrschaftssystem auch sein mögen – die Ära Chŏn weist einige positive Veränderungen auf. So erwies sich Chŏn als flexibler und zugleich als skrupelhafter gegenüber der inneren Opposition: Er entließ schrittweise die politisch Inhaftierten, akzeptierte Kim Daejungs Rückkehr nach Südkorea und seine indirekte politische Aktivität. Er ließ 1985 Wahlen zu, die im Gegensatz zu Parks Zeiten trotz erheblicher Favorisierung der Regierungspartei und Benachteiligung der Opposition insgesamt als einigermaßen frei gelten können. Und er suchte, wenn auch mit Unterbrechungen und gelegentlichen Rückfällen in die alten repressiven Taktiken der Militärherrschaft, den Dialog und die Aussöhnung, ohne allerdings seine Machtkompetenzen ernsthaft in Frage stellen zu lassen. Wirtschaftspolitisch setzte das neue Regime eher auf eine pragmatische, von Managern und Geschäftsleuten beeinflußte Politik als auf die akademischen Planer der Park-Ära. Ob nun als Folge dieser neuen Politik oder aufgrund der günstigeren weltwirtschaftlichen Rahmenbedingungen: Die schwere Wirtschaftskrise, die sich seit 1979 abgezeichnet hatte und 1980 dann voll spürbar geworden war, konnte überwunden werden. Südkorea schickte sich an, erneut an die Wachstumserfolge der Vergangenheit anzuknüpfen.

Dennoch blieben erhebliche Defizite: Auch Chŏns Herrschaft litt unter ihrer viel zu engen Machtbasis, an der Weigerung, effektive demokratische Beteiligung und Mitwirkung zuzugestehen, an der mangelnden Glaubwürdigkeit und Legitimität seiner Machtausübung. Hinzu kamen immer wieder Korruptionsskandale, in die nicht nur die Spitze der Regierungspartei, sondern auch Chŏns Familie verwickelt war. Vor allem jedoch war es die blutige Unterdrückung des Aufstandes in Kwangju, die Chŏn wie ein Mühlstein um den Hals hing.

5. Auf dem Weg in eine Sechste Republik?

Die Opposition formiert sich

Chŏn Duhwans Machtposition war zwar innerhalb der neuen Herrschaftsstruktur niemals gefährdet, im Lande insgesamt war und blieb sie jedoch von Anfang an umstritten. Spätestens seit 1983 mehrten sich die Anzeichen für eine erneute krisenhafte Konfrontation des Systems mit einer wachsenden Oppositionsbewegung. Die Vorreiter dieser Krise waren einmal mehr die Demonstrationen der Studenten, die seit 1983 dramatisch anschwollen und immer deutlicher auch antiamerikanische Züge annahmen. Im Frühlingssemester 1984 zählte das

Erziehungsministerium 216 Demonstrationen an 12 Universitäten mit insgesamt rund 120 000 Teilnehmern; im Frühjahr 1985 waren es bereits 1792 Demonstrationen. Aber auch christliche Organisationen gerieten immer stärker in Gegensatz zur Regierung.

Bereits 1983 meldeten sich auch die beiden wichtigsten Oppositionspolitiker wieder zu Wort: Kim Yŏngsam versuchte, mit einem Hungerstreik eine Demokratisierung zu erzwingen, während Kim Daejung aus dem amerikanischen Exil den Rücktritt Chŏns forderte. Im Juni 1984 gründeten die beiden Kims eine neue Oppositionsbewegung, das Konsultativ-Komitee zur Förderung der Demokratie (KKFD). Kim Yŏngsams und Kim Daejungs engste Vertraute in Seoul übernahmen zusammen den Vorsitz; Kim Daejung selbst wurde noch im Exil als Berater tätig. Im Gegensatz zu früheren Versuchen der Opposition, die Regierung unmittelbar anzugreifen und zu stürzen, setzte das Komitee auf Verhandlungen mit Chŏn. Seine wichtigsten Forderungen waren die Wiedereinführung eines unabhängigen Justizwesens, der Pressefreiheit und der anderen Grundrechte, vor allem jedoch die Direktwahl des Staatspräsidenten und eine entsprechende Änderung der Verfassung, um auf diese Weise die Nachfolge Chŏns demokratisch zu regeln.

Studentenunruhen und Wahlen

Im Februar 1985, wenige Tage vor den Wahlen zur Nationalversammlung, kehrte Kim Daejung gegen den Widerstand der Regierung nach Südkorea zurück. Die Parallele zu Benigno Aquino, dem philippinischen Oppositionsführer, war offensichtlich – doch Kim blieb nicht nur am Leben, er konnte trotz eines Verbots jeglicher politischer Betätigung bald erheblichen Einfluß auf die innere Entwicklung des Landes nehmen. Zuvor schon, am 30. November 1984, hatte Chŏn 84 anderen prominenten Oppositionspolitikern die Wiederaufnahme ihrer politischen Aktivitäten gestattet. Um den Kern dieser Oppositionellen und in enger Koordination mit dem KKFD entstand noch im Januar 1985 eine neue Partei, die Neue Demokratische Partei Koreas (NDPK). Nur wenige Wochen später erzielte diese Partei einen Wahlerfolg, der ihre kühnsten Erwartungen übertraf: Bei außergewöhnlich hoher Wahlbeteiligung entfielen auf die NDPK 29,2% der abgegebenen Stimmen. Das war zwar weniger als die 35,3% der Regierungspartei DGP, aber es machte die NDPK zur stärksten Oppositionspartei und gab der Opposition insgesamt eine klare Mehrheit der abgegebenen Stimmen. Die Besonderheiten des koreanischen Wahlsystems sicherten der Regierungspartei (und dies war ja auch der Sinn dieses Wahlrechts) zwar eine komfortable Mehrheit der Sitze im Parlament, praktisch jedoch kam dieser Sieg einer empfindlichen Niederlage gleich. Wie schon zu Parks Zeiten, zeigte sich im Wahlergebnis eine starke sozio-geographische Polarisierung der Wählerschaft: Während die ländlichen Gebiete mehrheitlich für die Regierung votierten, setzte sich in den städtischen Ballungszentren fast durchweg die NDPK durch.

Der Kampf um eine Verfassungsreform

Dieser Triumph der neuen Partei – ein Triumph zugleich für die beiden Kims – hatte schwerwiegende politische Folgen: Er konfrontierte Chŏn erstmals mit einer aggressiven und entschlossenen parlamentarischen Opposition. Die alten Oppositionsparteien wurden von der NDPK rasch aufgesogen; faktisch etablierte sich damit wiederum ein Zwei-Parteien-System. Auch die Nationalversammlung gewann an politischem Gewicht. Chŏn reagierte auf diese Entwicklungen mit einer vorsichtigen Öffnung zur Opposition, unterbrochen freilich immer wieder von Rückfällen in Spaltungs- und Unterdrückungsmanöver und zunächst ohne substantielle Zugeständnisse. Bei der entscheidenden Frage der Verfassungsreform beharrte er auf einer Verschiebung der Diskussion auf die Zeit nach seinem Amtsrücktritt (und nach den Olympischen Spielen 1988, deren Vorbereitung und Durchführung – so Chŏn – durch politische Auseinandersetzungen nicht belastet werden dürfe). Die Opposition versuchte daraufhin im Frühjahr 1986 eine Massenpetition zur Verfassungsreform mit 10 Millionen Unterschriften zu organisieren, um so den Druck in Richtung auf Reformen zu stärken.

Der Sturz von Staatspräsident Marcos auf den Philippinen beflügelte die Opposition; auch die christlichen Kirchen plädierten nunmehr offen für eine Demokratisierung und für die Verfassungsreform. Die Regierung versuchte, den Protest durch Gespräche zwischen Regierungs- und Oppositionspartei über die Verfassungsreform zu entschärfen und zu kanalisieren. Doch die NDPK zeigte keine Neigung, von ihren zentralen Forderungen abzugehen. Im Juni 1987 brach Chŏn die Gespräche ab und verschob die Verfassungsreform bis auf die Zeit nach der Neuwahl des Staatspräsidenten; er signalisierte damit die Fortsetzung der alten Politik auch nach seinem Abtritt.

Zu seinem Nachfolger erkor sich Chŏn No Tae-u (Roh Taewo), einen Ex-General und engen Vertrauten, der bei Chŏns Machtergreifung eine Schlüsselrolle gespielt hatte. Diese Nachricht löste eine Welle von neuen Protesten aus, an denen sich erstmals auch die Mittelklasse beteiligte – und vor dieser Protestwelle kapitulierte Chŏn schließlich: Auf Anraten Nos verkündete er am 1. Juli 1987 eine umfassende Demokratisierung: Direktwahl des Staatspräsidenten Ende 1987, Freigabe der politischen Gefangenen, Abschaffung der Pressezensur, volle Wiederherstellung der politischen Rechte für Kim Daejung.

Mit dem Triumpf der Opposition eröffnete sich für Südkorea erneut die Chance für eine demokratische Entwicklung. Freilich setzt dies von allen Seiten Kompromißbereitschaft, Geduld, Mäßigung und die Anerkennung der Realitäten voraus – Tugenden, die der traditionellen politischen Kultur Koreas mit ihrer Unfähigkeit zum Kompromiß und zur Duldung von Pluralität, mit dem Hang zu autoritären und hierarchischen Strukturen und mit ihrem politischen Zynismus eher unbekannt sind. Im Sommer 1987 stand Südkorea einmal mehr am Scheideweg. Auf der einen Seite führt der Weg in eine demokratische politische Zukunft; auf der anderen Seite droht der Rückfall in innere Wirren und die Herrschaft der Militärs.

IV. Wirtschaftliche Entwicklung und sozialer Wandel Südkoreas nach 1953

1. *Der Aufstieg Südkoreas zur Industrienation*

Wie ein Phönix aus der Asche, so entstieg die südkoreanische Wirtschaft den Trümmern des vom Krieg verwüsteten Landes. Der Schock der kriegerischen Auseinandersetzung mit Nordkorea spornte die Bevölkerung an, und so konnten Präsident Park und seine Berater (zumeist Absolventen amerikanischer Renommieruniversitäten) ihr Land innerhalb von gut zwei Jahrzehnten aus dem Armenhaus Asiens an die Schwelle zu einer Industrienation führen. Im Bau von Infrastruktureinrichtungen in der Welt führend, im Schiffsbau nur noch von Japan übertroffen, bei der Stahlerzeugung, in der Elektronikindustrie und im Automobilbau eine kommende Wirtschaftsmacht, können es die Südkoreaner kaum erwarten, als Mitglied in die OECD, den Klub der westlichen Industrienationen aufgenommen zu werden. Wenngleich dies sicherlich noch einige Jahre auf sich warten lassen wird, muß dem „Wirtschaftswunderland" Südkorea, das den Entwicklungsprozeß der alten Industrienationen wie im Zeitraffer nachvollzog, höchster Respekt gezollt werden. Dabei waren die Voraussetzungen für diesen Entwicklungsprozeß denkbar ungünstig: Durch die Teilung des Landes von einem Großteil der Industrie abgeschnitten und vom dreijährigen Bruderkrieg verwüstet, verfügte Südkorea, selbst arm an natürlichen Rohstoffen, nur über eins: Eine große Zahl hungriger, lernfähiger und disziplinierter Menschen.

Fragt man nach den Ursachen des koreanischen Entwicklungswunders, so sind neben der Bedrohung von außen und der zielorientierten Entwicklungsplanung unter dem straffen Regiment einer autoritären Regierung vor allem der Fleiß und die Anpassungsfähigkeit dieser Menschen zu nennen.

Zwei wichtige Grundsteine für den Entwicklungsprozeß auf der südlichen Halbinsel wurden schon früh gelegt. Erstens begann die Regierung kurz nach dem Korea-Krieg eine erfolgreiche Kampagne gegen den Analphabetismus. Noch 1945 betrug der Anteil der Bevölkerung, der weder lesen noch schreiben konnte, 75 Prozent. Und zweitens wurden schon 1948 durch eine Landreform der Großgrundbesitz abgeschafft und die Produktionsanreize für die Bauern verbessert. Dieser Reform war zunächst freilich kein durchschlagender Erfolg beschieden, fehlte es doch an den notwendigen Krediten für den Ausbau des Bewässerungssystems und für Kunstdünger.

Der eigentliche Beginn des unaufhaltsamen Aufstiegs Südkoreas zur Industrienation ist mit dem Jahr 1961 anzusetzen, in dem Präsident Park eine grundlegende Neuorientierung der Wirtschaftspolitik einleitete: Eckpfeiler dieser Politik waren erstens eine exportorientierte Industrialisierung, die zunächst mit Auslandskrediten finanziert wurde; zweitens die Normalisierung der wirtschaftlichen Beziehungen zu Japan; schließlich drittens eine Entwicklungsplanung, bei der der Staat den jungen Industrien mit Schutzzöllen, zinsgünstigen Krediten und Steuerstundungen bei der Erfüllung der staatlichen Planvorgaben zur Seite stand. Das Land baute bei seiner Entwicklungspolitik denn auch weniger auf das freie Spiel der Marktkräfte als vielmehr auf staatlichen Interventionismus.

Die exportorientierte Entwicklungsstrategie Südkoreas ist durch drei Phasen gekennzeichnet: In der ersten Phase wurde die während der japanischen Kolonialzeit im Süden des Landes entstandene Leichtindustrie ausgebaut und den Bedingungen des Weltmarktes angepaßt. Strategische Bedeutung kam dabei der Textil- und Bekleidungsindustrie zu; denn in dieser Branche konnte mit einem beschränkten Kapitaleinsatz eine relativ große Zahl von Arbeitsplätzen geschaffen werden.

In der zweiten Phase wurde dann mit dem Aufbau einer eigenen Grundstoffindustrie begonnen. Die Entwicklung von Stahl- und Chemieindustrie – beides kapitalintensive Industrien – wurde zum Großteil durch Auslandskredite finanziert. Zwar wurde mit dem Aufbau dieser Industrien auch das Ziel der Importsubstitution verfolgt, gleichzeitig wurden jedoch auch nachgelagerte Industrien, wie z.B. Maschinen- und Schiffsbau, Elektro- und Kunststoffindustrie, als zukünftige Exportbereiche gefördert. In dieser Phase sollte der „take-off" der südkoreanischen Wirtschaft endgültig erreicht werden. Südkoreas wichtigste Trumpfkarte war in den ersten beiden Phasen der Entwicklung eine zunehmend besser ausgebildete Arbeitnehmerschaft, die sich aufgrund des Überangebots an Arbeitskräften und der Einschränkung gewerkschaftlicher Aktivitäten mit Niedrigstlöhnen zufriedengeben mußte.

Vorrangiges Ziel der dritten Entwicklungsphase war es, die industrielle Basis mit Hilfe neuer Industrien zu verbreitern. Mit dem Aufbau einer eigenen Automobil- und Elektronikindustrie sollte der Entwicklungserfolg des Landes langfristig abgesichert und mit dem Einstieg in „High-Tech" der technologische Abstand zu den Industrieländern verringert werden. Aus diesem Grunde werden auch strategische Technologien wie die Halbleiter, Bio- und Gentechnologie durch Gründung entsprechender Forschungsinstitute staatlicherseits gefördert.

Diese Maßnahmen sollen das langfristige Wirtschaftswachstum des Landes bis zum Jahr 2000 sichern. In einer Prognose der wirtschaftlichen Entwicklung Südkoreas bis zur Jahrtausendwende sagt das renommierte Korea Development Institute (KDI) denn auch eine jährliche Wachstumsrate des Sozialprodukts von durchschnittlich 7,8% bis zum Jahr 1990 und 7,1% bis zum Jahr 2000 voraus. Bei einer Bevölkerung von 50 Millionen und einem Sozialprodukt von 250 Milliarden US-$ würde Südkorea dann neben den USA, Japan und einigen europäischen Ländern zu den führenden Wirtschaftsnationen der Welt gehören.

Motivation für die Wirtschaft: Entwicklungspläne 1962–1986

Das wichtigste Instrument der Entwicklungsstrategie Südkoreas sind die jeweils fünfjährigen Entwicklungspläne. Sie bilden den Rahmen, der es der Regierung erlaubt, durch fiskalische, monetäre oder ordnungspolitische Maßnahmen die vorgegebenen Ziele anzusteuern. Hierzu bedient sich die Regierung einer übermächtigen Planungsbürokratie, die auch heute noch als der eigentliche Lenker der südkoreanischen Wirtschaft anzusehen ist.

Der erste Fünfjahresplan wurde 1962 verabschiedet. Mit ihm sollten die Voraussetzungen für eine eigenständige Entwicklung geschaffen werden. Deshalb lag sein Schwerpunkt auf dem Ausbau der Infrastruktur und des Bildungswesens. Im Hinblick auf den Aufbau einer eigenen industriellen Basis galt der im Krieg zerstörten Leichtindustrie (Textil- und holzverarbeitende Industrie) besonderes Augenmerk. Während des ersten Fünfjahresplanes konnte eine durchschnittliche Wachstumsrate von 7,7% erzielt werden.

Der zweite Fünfjahresplan (1967–1971) enthielt als vorrangige Aufgaben die Fertigstellung wichtiger Infrastrukturprojekte und die Ausweitung des industriellen Sektors. Während dieses Zeitraums wurden arbeitsintensive Industrien wie die Elektro-, Nahrungsmittel-, kunststoffverarbeitende und feinmechanische Industrie aufgebaut. Die durchschnittliche jährliche Wachstumsrate erhöhte sich auf 10,5%.

Im Mittelpunkt des dritten und vierten Fünfjahresplans stand der Aufbau einer eigenen Schwerindustrie (Stahlerzeugung, Schiffs- und Maschinenbau) sowie einer petrochemischen Industrie. Dadurch sollte zum einen die Abhängigkeit im Export von bestimmten Märkten (USA, Japan) und Produkten (Textil- und Elektroprodukte) verringert und über Importsubstitution der Anteil der inländischen Wertschöpfung erhöht werden. Ein weiteres Anliegen des vierten Fünfjahresplanes (1977–1981) war es, den gestiegenen Rohölpreisen Rechnung zu tragen und alternative Energieträger – in erster Linie Atomenergie und Erdgas – zu fördern. Betrug die jährliche Wachstumsrate im Zeitraum zwischen 1972 und 1976 durchschnittlich 11,2%, so verringerte sie sich während des vierten Fünfjahresplans wegen der Ölkrise und innenpolitischer Unruhen nach der Ermordung von Präsident Park auf durchschnittlich 6,0%.

Der fünfte Fünfjahresplan (1982–1986) stand ganz unter

2 Hyundai-Werften in Ulsan – eine der größten Werften der Welt

dem Vorzeichen, den staatlichen Interventionismus zurückzudrängen, um damit marktwirtschaftlichen Kräften ein breiteres Aktionsfeld einzuräumen und die Effizienz der koreanischen Wirtschaft zu erhöhen. Der Abbau der Exportsubventionen, die Privatisierung der Geschäftsbanken, die Liberalisierung des Finanzsystems und der Kapitalmärkte, die Förderung des Wettbewerbs durch eine aktive Mittelstandspolitik und der Aufbau einer mehr binnenmarktorientierten Produktionsstruktur sind Ausdruck dieser ordnungspolitischen Neuorientierung. Daneben standen die Erhöhung der Produktivität in der Landwirtschaft und, als Reaktion auf die politischen Unruhen nach der Ermordung von Präsident Park, sozialpolitische Maßnahmen im Vordergrund. Die Wachstumsrate des BIP erreichte während des Fünfjahresplanes 1982–1986 einen jährlichen Durchschnittswert von 7,8%.

Auch für den sechsten Fünfjahresplan rechnet die Regierung mit einer durchschnittlichen Wachstumsrate in dieser Größenordnung. Als strategische Industrien für die neunziger

Wirtschaftsindikatoren Südkoreas

	Wachstumsrate					
	1960–70	1970–82	1983	1984	1985	1986
Reales BIP	8,6	8,6	11,9	8,4	5,1	11,9
Exporte	34,7	20,2	11,9	19,6	3,5	14,7
Industrieproduktion	17,6	14,5	10,9	14,6	4,0	16,4
Bevölkerung	2,6	2,3	1,6	1,5	1,5	1,5
Verbraucherpreise	12,2	15,9	3,4	2,3	2,5	1,1
	Ende der Periode					
BIP p. Kopf ($)*	248	1800	1884	1998	2135	2357
Leistungsbilanz (Mrd.$)	−0,6	−2,3	−1,6	−1,4	−1,0	+4,6
Auslandsverschuldung (Mrd.$)	2,2	37,2	40,4	43,1	45,3	44,5

* zu laufenden Preisen
Quelle: Financial Times 15.5. 85, Abecar Country Report 29.1. 87

Jahre sind die Automobilindustrie – die in jüngster Zeit durch verschiedene Kooperationsabkommen von koreanischen mit amerikanischen bzw. japanischen Herstellern bereits von sich reden machte –, die Elektronikindustrie und der Maschinenbau auserkoren. Mit Hilfe der staatlichen Ordnungspolitik soll die Liberalisierung der Wirtschaft vorangetrieben werden, wobei die Wettbewerbsintensität der koreanischen Wirtschaft durch eine gezielte Förderung des Mittelstandes weiter erhöht werden soll. Ob diese Maßnahmen ausreichen werden, die südkoreanische Erfolgsgeschichte um ein weiteres Kapitel zu verlängern, wird jedoch entscheidend davon abhängen, inwieweit es Korea gelingt, den Industrienationen durch qualitativ ansprechende und preislich wettbewerbsfähige Produkte auf den Weltmärkten Paroli zu bieten.

Die Entwicklung der Landwirtschaft: Vom Reislieferanten Japans zur „Neues Dorf"-Bewegung

Die koreanische Landwirtschaft, der während der japanischen Kolonialzeit nach Vorstellung des Kaiserreiches innerhalb des Yen-Blocks (Japan mit seinen Kolonien Korea, Mandschurei, Nordchina und Taiwan) die Aufgabe des Reisproduzenten zukam, entwickelte sich während dieser Zeit stetig. So lag beispielsweise die Getreideproduktion im Jahr 1940 um 25% über dem Wert von 1910. Maßgeblichen Anteil an dieser Erhöhung hatte das heutige Südkorea, in dem sich aufgrund der besseren klimatischen Bedingungen ein Großteil der Landwirtschaft konzentrierte.

Zwar konnte die Landwirtschaft nach dem Korea-Krieg als erste wieder Fuß fassen, aber der Aufschwung dauerte nicht lange: Schon Anfang der sechziger Jahre verringerten sich die Wachstumsraten, und im Zeitraum zwischen 1966 und 1971 konnte nur noch ein Zuwachs von 10% erzielt werden. Diese Stagnation war darauf zurückzuführen, daß mit dem Aufbau der Exportindustrien der Agrarsektor zunächst vernachlässigt wurde. Daneben machten die geringe Betriebsgröße – die 1948 durchgeführte Bodenreform beschränkte den Landbesitz auf drei Hektar – und die intensive Nutzung des Bodens eine Erhöhung der Agrarproduktion ohne den massiven Einsatz von künstlicher Düngung unmöglich. Die Vernachlässigung der Landwirtschaft rächte sich bald mit einer besorgniserregenden Landflucht und einer Verringerung des Selbstversorgungsgrades bei Reis und Getreide. Deckte sich die Landflucht in gewissem Umfang noch mit den Intentionen der Wirtschaftsplaner, da durch sie die Löhne in den neuen arbeitsintensiven Exportindustrien niedrig gehalten werden konnten, so bedeuteten der Rückgang der Selbstversorgung und die dadurch notwendigen Importe von Lebensmitteln eine erhebliche Belastung für die chronisch defizitäre Leistungsbilanz des Landes.

Die Landwirtschaft steckte also zu Beginn der siebziger Jahre in einer Krise: Die Produktion stagnierte, das Gefälle zwischen Stadt und Land wurde immer ausgeprägter. Um diese Probleme in den Griff zu bekommen, rief Präsident Park 1971 die „Neues Dorf"-Bewegung (Saemaŭl Undong) ins Leben. Grundidee dieser Bewegung war die Hilfe zur Selbsthilfe. So sollten die dörflichen Lebensbedingungen einerseits durch Verbesserung der Infrastruktur – zum Großteil durch freiwillige Arbeitseinsätze – und andererseits durch Anhebung der ländlichen Einkommen entscheidend verbessert werden. Durch Aufklärungs- und Bildungsarbeit versuchte die Saemaŭl-Bewegung zudem, Zusammenarbeit, Selbsthilfe und Selbstverantwortung der Bauern zu fördern. Tatsächlich begannen sich mit der Saemaŭl-Bewegung die Lebensverhältnisse auf dem Dorf zu wandeln: Neue Brunnen wurden gebohrt, Flußläufe befestigt, die traditionellen Strohdächer durch Ziegel- oder Eternitdächer ersetzt. Zur Selbsthilfe kam die Unterstützung durch den Staat: Neben Infrastrukturprojekten wie Bewässerungsanlagen, Lagerhäusern und Fabriken zur Weiterverarbeitung der landwirtschaftlichen Erzeugnisse wurden genossenschaftliche Produktions- und Vermarktungsgesellschaften gefördert. Durch höhere staatliche Ankaufspreise für Agrarerzeugnisse konnten die landwirtschaftlichen Einkommen deutlich erhöht werden.

Wenngleich es der Saemaŭl-Bewegung bis Mitte der siebziger Jahre gelang, die Lebensbedingungen und das Einkommen der Bauern an das städtische Niveau anzupassen, konnte sie doch die Grundprobleme der südkoreanischen Landwirtschaft, die kleinen Betriebsgrößen und die nach internationalem Maßstab geringe Effizienz, nicht lösen. Anfang der achtziger Jahre verschlechterte sich dann die Lage der Bauern durch die Antiinflationspolitik der Regierung erneut. Denn die südkoreanischen Wirtschaftstechnokraten entdeckten bei ihrem Kampf gegen die Geldentwertung bald, daß es viel einfacher war, über die staatlichen Abnahmepreise für Agrarprodukte die Inflation einzudämmen als Lohnerhöhungen in Industrie und Dienstleistungsbereichen zu beschneiden. Und so waren einmal mehr die Bauern die Leidtragenden der Regierungspolitik.

Die Industrie: Rückgrat des südkoreanischen Entwicklungswegs

In den ersten Nachkriegsjahren erlebte die südkoreanische Industrie zunächst einen raschen Aufschwung. Die Kriegsschäden mußten behoben und die Produkte, die früher aus dem Norden bezogen wurden, durch eigene ersetzt werden. Dies ermöglichte den Aufbau von Industrien, bei denen nur ein geringer Kapitalaufwand erforderlich war. Als dann Anfang der sechziger Jahre dieses Potential weitgehend erschöpft war, verringerte sich auch das Wachstum der Industrie zunehmend. Eine Trendwende setzte erst ein, als die Textil- und Bekleidungsindustrie sowie andere Leichtindustrien nach der Machtübernahme durch Präsident Park systematisch gefördert wurden. Durch sie konnte eine große Zahl von Arbeitsplätzen für die in die Städte drängenden Menschen geschaffen werden. Die Erlöse aus dem Export dieser Produkte flossen in Maschinen und Anlagen; damit finanzierten sie den weiteren Aufbau des Landes.

Ende der sechziger und Anfang der siebziger Jahre wurde eine eigene Grundstoffindustrie aufgebaut, die zunächst auf den wachsenden Inlandsbedarf ausgerichtet war. Beispielsweise konnte die südkoreanische petrochemische Industrie Ende der siebziger Jahre bereits drei Viertel der Inlandsnachfrage decken. Als Südkorea dann Anfang der achtziger Jahre auch hier auf Exporte setzte, gab es jedoch große Probleme: Hohe Energiekosten und die zunehmende Konkurrenz der erdölproduzierenden Staaten, die Mitte der siebziger Jahre mit dem Aufbau eigener Industrien zur Weiterverarbeitung des Erdöls begonnen hatten, ließen der südkoreanischen Petrochemie kaum noch eine Chance auf den Weltmärkten.

Wesentlich günstiger sieht dagegen die Situation der Hüttenindustrie aus, gilt doch das staatliche Stahlwerk in Pohang als eine der modernsten und kostengünstigsten Anlagen der Welt. Die Stahlerzeugung Südkoreas soll 1987 16 Millionen Jahrestonnen überschreiten. Die Stahlexporte verbuchten in den letzten Jahren zweistellige Zuwachsraten, wobei der Schwerpunkt auf Exporten nach Japan lag – zum Leidwesen der von einer Strukturkrise gebeutelten japanischen Stahlindustrie.

Als nachgelagerte Industrie der Stahlerzeugung genießt der Maschinenbau besondere staatliche Förderung. Denn noch immer müssen die Koreaner einen Großteil ihrer Anlagegüter aus dem Ausland beziehen. Mit der Produktion von Werkzeugmaschinen, Industrieausrüstungen und Maschinenteilen sollen die inländische Nachfrage gedeckt und neue Exportmärkte erschlossen werden.

Den strategischen Industrien der achtziger Jahre, Elektronik und Automobilbau, gilt derzeit das besondere Augenmerk der südkoreanischen Unternehmen. War die Elektronikindustrie lange Zeit primär auf die Produktion von elektronischen Komponenten und Konsumgütern ausgerichtet, so wurde Anfang der achtziger Jahre der Übergang von der arbeits- zur technologieintensiven Produktion eingeleitet. Wachstumsraten von 30% und mehr in den letzten Jahren zeigen, daß Südkoreas Elektronikindustrie eine glänzende Zukunft haben dürfte. Denn auch technologisch brauchen sich die Südkoreaner nicht mehr hinter den Industrienationen zu verstecken, begannen sie doch 1985 als drittes Land der Welt mit der Produktion eines 256K RAM-Chips.

Ähnlich vielversprechend erscheinen auch die Aussichten der Automobilindustrie. Seit der südkoreanische Automobilhersteller Hyundai 1985 der erfolgreichste Importeur in Kanada war und amerikanische Händler um einen Vertretervertrag von Hyundai Schlange standen, kommen die Südkoreaner kaum noch mit der Erhöhung ihrer Produktionskapazität nach, um die enorme Nachfrage nach Automobilen „made in Korea" zu befriedigen. Nach Hyundais Siegeszug in Kanada und der Aufwertung des Yen gegenüber dem Dollar begann ein wahrer Ansturm amerikanischer und japanischer Produzenten auf Südkorea. Alle wollten sich nun mittels Kooperationsabkommen mit einer koreanischen Firma den strategischen Standort Südkorea sichern. So haben Ford und Kia sowie General Motors und Daewoo den Bau eigener Kleinwagen für den amerikanischen Markt vereinbart. Mitsubishi beabsichtigt, in Kooperation mit Hyundai ein Fahrzeug der Luxusklasse zu bauen. Nissan und Dong-A wollen ihre Zusammenarbeit auf dem Nutzfahrzeugsektor ausweiten. Und schon denkt Hyundai über die Errichtung von Montagewerken in Kanada und den USA nach, um möglichen Importrestriktionen zuvorzukommen.

Vom Handwerksbetrieb zum multinationalen Familienkonzern: Die Erfolgsgeschichte der „Chaebol"

Als Südkorea Anfang der sechziger Jahre mit einer grundlegenden Neuorientierung seiner Wirtschaftspolitik den Anstoß für das Entwicklungswunder gab, wandte sich die Regierung zur Verwirklichung ihrer Politik an die wenigen Unternehmerpersönlichkeiten, die das Land damals besaß. Begünstigt durch zinsgünstige Kredite, Steuervergünstigungen und Exportsubventionen bauten diese „Unternehmer der ersten Stunde" eine Reihe von Familienkonzernen (Chaebol) auf, die heute Südkoreas Industrie beherrschen.

An der Spitze der Chaebol steht in aller Regel ein patriarchalischer Konzernchef, der alle wichtigen Entscheidungen selbst trifft und sich dabei auf die tatkräftige Unterstützung seiner Söhne sowie weiterer naher Verwandter verlassen kann. So herrscht z. B. der Präsident der Hyundai-Gruppe, Chung Juyŏng, der sich vom Maurer zum Konzernchef hochgearbeitet hat, über ein Imperium von mehr als dreißig Firmen. Die Geschäftsinteressen von Hyundai reichen dabei von der Baubranche über Zementproduktion, Schiffbau und Schwerindustrie bis hin zur Herstellung von Automobilen und Mikro-Chips. Die Zielstrebigkeit, Cleverness und den Einfallsreichtum, mit dem Chung die Hyundai-Gruppe aufgebaut hat, illustriert folgende Episode: Als Hyundai die erste Schiffswerft des Landes baute, reiste Chung nach London, um Aufträge für die erst halbfertige Werft zu akquirieren. In Verhandlungen mit einem potentiellen Kunden wurde Chung gefragt, ob sein Land denn bereits Erfahrungen im Schiffsbau habe. Chung zögerte einige Augenblicke, nahm einen 500 Won-Schein aus seiner Brieftasche und legte ihn auf den Tisch. Er deutete auf den Geldschein, der ein Kŏbukson, ein Schiff in Form einer Schildkröte, zeigte, und sagte: „Wir haben dieses Schiff vor vierhundert Jahren gebaut und damit die japanische Seearmada besiegt; jetzt können wir noch bessere Schiffe bauen". Hyundai erhielt den Auftrag.

Die Chaebol haben in der Vergangenheit wie gigantische Kraken alle Firmen vereinnahmt, die ihnen in den Weg kamen. Ein Großteil dieser Unternehmenskäufe wurde dabei durch Fremdkapital finanziert. Dementsprechend unterkapitalisiert sind die Chaebol, die 1984 immerhin rd. 30% des südkoreanischen Sozialproduktes erwirtschafteten.

In den letzten Jahren gerieten diese Konzerne allerdings zunehmend ins Kreuzfeuer der öffentlichen Kritik. Das lag nicht nur an ihrer hohen Verschuldung – etwa die Hälfte der Bankkredite Südkoreas werden an die Chaebol vergeben –, sondern auch an ihren Aktivitäten in den unterschiedlichsten Branchen. So kann man immer wieder den Vorwurf hören, daß die koreanischen Familienkonzerne zwar sehr vieles, aber wenig wirklich gut machen. Darüber hinaus werden die allzu familiären Beziehungen zwischen dem politischen und dem wirtschaftlichen Establishment kritisiert – familiär zum einen deshalb, weil sich die Regierung als „Vater" der Chaebol betrachtet, und zum anderen, weil zwischen Politikern und Konzernchefs bisweilen auch verwandtschaftliche Beziehungen bestehen.

Die fünf größten Chaebol 1985

Konzern	Umsatz (Mrd. DM)*
Samsung	34,2
Hyundai	34,0
Lucky-Goldstar	21,2
Daewoo	15,6
Sunkyong	13,8

* 1 DM = 400 Wŏn
Quelle: FAZ 23.2. 1987

Die Exporte: Der Motor der siebziger Jahre

Ein Blick auf die Außenhandelsstatistik Südkoreas zeigt, daß die Exporte des Landes erst zu Beginn der siebziger Jahre nennenswerte Größenordnungen annahmen. Von 1970 bis 1985 konnte Südkorea seine Exporte von 0,8 Mrd.$ auf über 30 Mrd.$ steigern. Setzten sie sich zunächst aus arbeitsintensiven Produkten wie Textilien, Elektrogeräten und Sportartikeln zusammen, so tritt das Land seit Ende der siebziger Jahre vermehrt als Exporteur von höherwertigen und technisch anspruchsvolleren Gütern wie Kraftfahrzeugen, Videorecordern, Computern und Maschinen auf den Weltmärkten auf und begibt sich damit in direkte Konkurrenz zu Industrieländern wie Japan oder den USA.

Während Südkorea im Handel mit den USA – mit einem Anteil von 36% an den Exporten der größte Absatzmarkt – in den letzten Jahren regelmäßig Überschüsse erzielte, ist der Handel mit Japan, dem zweitwichtigsten Partner, chronisch defizitär.

In jüngster Zeit verstärkt die koreanische Regierung ihre Bemühungen, die wirtschaftliche Abhängigkeit von den USA und Japan zu verringern, und fördert deshalb den Handel mit den europäischen Staaten und China. Letzterer wird mit Rücksicht auf Nordkorea, das enge Beziehungen zu Peking unterhält, großteils über Hongkong abgewickelt. Ein Blick auf die Außenhandelsstruktur des Landes zeigt, daß die südkoreanischen Exporte 1985 zu 91,2% aus Fertigwaren bestanden, während bei den Importen Rohstoffe und Nahrungsmittel (44,7%) vor Investitionsgütern (32,0%), Erdöl (19%) und Konsumgütern (4,3%) lagen. Aufgrund des Rückgangs der Rohölpreise und der Veränderung der Währungsparitäten ergab sich 1986 erstmals nach dem Koreakrieg ein Handelsbilanzüberschuß. Ob damit das chronische Außenhandelsdefizit überwunden ist, bleibt abzuwarten; jedoch erscheinen die Aussichten hierfür angesichts der Exporterfolge der jüngsten Industrien des Landes (Automobilbau, Elektronik) vielversprechend.

Der Außenhandel Südkoreas (in Mrd. $)

Jahr	Exporte	Importe	Handelsbilanz
1955	0,02	0,34	−0,32
1960	0,03	0,34	−0,31
1965	0,18	0,46	−0,28
1970	0,84	1,98	−1,14
1975	5,08	7,27	−2,19
1980	17,50	22,29	−4,79
1981	21,25	26,13	−4,88
1982	21,85	24,25	−2,40
1983	24,44	26,19	−1,75
1984	29,24	30,63	−1,39
1985	30,25	31,13	−0,88
1986	34,74	31,23	+3,51

Quelle: Far Eastern Economic Review Yearbook (verschiedene Jahrgänge), Bank of Korea, IMF

Die Auslandsverschuldung Südkoreas: Wirklich „kein Problem"?

Südkorea war zur Finanzierung seines chronischen Leistungsbilanzdefizits stets auf Kapitalimporte angewiesen. Denn ausländische Direktinvestitionen wurden aus Furcht vor einer Überfremdung der eigenen Wirtschaft und einer erneuten Abhängigkeit vom Ausland nur in wenigen Bereichen zugelassen. Besonders seit Ende der sechziger Jahre verschuldete sich das Land zunehmend bei Banken, supranationalen Institutionen (IMF, Weltbank, Asian Development Bank) und auf internationalen Kapitalmärkten. Nicht zuletzt durch die starke Erhöhung des Erdölpreises, die immer größere Löcher in die Leistungsbilanz des rohstoffarmen Landes riß, wuchsen die Auslandsschulden in den siebziger Jahren dann in einem beängstigenden Tempo und erreichten 1986 45 Mrd.$. Damit ist Südkorea der größte Schuldner Asiens und wird weltweit nur noch von Mexico, Brasilien und Argentinien übertroffen. Im Gegensatz zu diesen Ländern ist aber Südkorea bei den internationalen Banken ein gern gesehener Kunde, konnte doch das Land seinen Zins- und Rückzahlungsverpflichtungen bisher stets pünktlich nachkommen. So machte sich bei den Kreditinstituten geradezu Enttäuschung breit, als die Korea Development Bank Mitte 1986 mit Hinweis auf die erstmals positive Leistungsbilanz des Landes in letzter Minute eine mit Hongkonger Banken vereinbarte Anleihe über 500 Mio.$ stoppte.

Das Vertrauen der internationalen Finanzkreise in die koreanische Wirtschaft ist nicht zuletzt darin begründet, daß die Kapitalimporte der siebziger Jahre im wesentlichen zum Aufbau neuer Exportindustrien, zur Verbesserung der Infrastruktur und zur Verringerung der Abhängigkeit von Erdölimporten durch den Ausbau der Kernenergie verwendet wurden. Deshalb unterscheidet sich die Situation Südkoreas grundlegend von der anderer hochverschuldeter Länder: Südkorea ist nicht vom Export weniger Rohstoffe abhängig, deren Erlöse in starkem Maße von Schwankungen der Weltmarktpreise beeinflußt werden, sondern kann auf eine relativ ausgeglichene Wirtschaftsstruktur verweisen.

Die Auslandsverschuldung Südkoreas wird aber nicht nur von internationalen Banken mit Interesse verfolgt, sondern ist auch ein heikles innenpolitisches Thema. Denn seit Japan nicht zurückbezahlte Schulden als Vorwand dazu benutzte, das Land im Jahr 1910 zu annektieren, haben Auslandsschulden für die Koreaner einen bitteren Beigeschmack. Der Herausgeber der angesehenen Tageszeitung Dong-A Ilbo erläutert diese Sorgen folgendermaßen: „Unsere Ängste hinsichtlich der Schulden sind ein typischer Ausdruck koreanischer Unsicherheit; irgendwo existiert das Gefühl, daß geschäftliche Beziehungen mit Ausländern unausweichlich zu einem Schuldenberg führen, der nur unter größten Anstrengungen und Entbehrungen zurückbezahlt werden kann".

2. Widersprüche einer Gesellschaft im Wandel

Wirtschaftlicher Wohlstand, politische Armut?

Ob man auf einer Fahrt nach Seoul an einer der zahlreichen Straßensperren von Soldaten mit Maschinenpistolen über den Schultern nach seinen Ausweispapieren gefragt wird, oder ob man in einer landschaftlich reizvollen Bucht an der Ostküste Koreas schwimmen gehen möchte und von Stacheldrahtverschlägen und Militärposten daran gehindert wird, immer wieder stößt man auf das Militär. Seit 1961 hält es die politischen Zügel in der Hand und wird nicht müde, die Bedrohung aus dem Norden zu beschwören und damit derartige Unbequemlichkeiten zu rechtfertigen.

Die beispiellose wirtschaftliche Transformation und die politische Stagnation des Landes kann wohl nur vor dem Hintergrund der äußeren Bedrohung und des traumatischen Ereignisses des Bruderkrieges verstanden werden; war doch das eigentliche Ziel der unter Präsident Park generalstabsmäßig betriebenen Entwicklung der südkoreanischen Wirtschaft die Beseitigung der militärischen Unterlegenheit gegenüber dem Norden. Dazu bedurfte es nach Ansicht der südkoreanischen Machthaber vor allem einer starken und kontinuierlichen politischen Führung. Es galt, alle Kräfte des Landes auf den wirtschaftlichen Fortschritt zu konzentrieren. Politische Auseinandersetzungen schienen dabei nur hinderlich. Endgültig beschnitten wurden die politischen und persönlichen Freiheiten im Jahr 1972, als Präsident Park das Kriegsrecht verhängte, die Grundrechte einschränkte und sich mit der Verabschiedung der Yusin-Verfassung die Alleinherrschaft über die nunmehr gleichgeschaltete Gesellschaft sicherte.

Die Ermordung von Präsident Park 1979 war nur das äußere Zeichen dafür, daß seine Rechnung – erst wirtschaftlicher Wohlstand, dann politische Freiheit – nicht aufging. Und bis heute ist die Frage nach der pluralistischen Öffnung des Landes das drängendste Problem der südkoreanischen Gesellschaft. Die Arbeiter, denen noch immer das Recht auf eine gewerkschaftliche Organisation, die diesen Namen auch verdient, vorenthalten wird, bleiben ebenso von politischer Mitwirkung ausgeschlossen wie der Mittelstand, der seinen neuen Wohlstand ob der „Sicherheitsmaßnahmen" des Militärs nicht so recht genießen kann. Aber auch die Führer der Großkonzerne würden lieber gestern als heute auf das Gängelband der allmächtigen Staatsbürokratie verzichten.

Auf der Suche nach einer Synthese zwischen Tradition und Modernität

Es war Präsident Park, der die Notwendigkeit erkannte, im Wandel der Gesellschaft die Rückbesinnung auf die Wurzeln der koreanischen Tradition und Kultur zu fördern. Daher der Rückgriff auf Nationalhelden wie Admiral Yi Sunsin, der 1592 aus einer Seeschlacht gegen die japanischen Invasionstruppen siegreich hervorging, und König Sejong, den Begründer der koreanischen Buchstabenschrift. Für diese Heroen der koreanischen Geschichte ließ er Denkmäler und Museen errichten, die fortan von den Schulklassen des Landes bevölkert wurden. Die Regierungskampagne zur Rückbesinnung auf die eigene Tradition war insoweit erfolgreich, als sie bei vielen Koreanern erst das Bewußtsein für die Bewahrung eigener kultureller Werte schuf.

Was aber sind traditionelle koreanische Wertvorstellungen?

Für viele Koreaner ist diese Frage nach einem Jahrhundert der Kolonialisierung durch die Japaner, nach Bruderkrieg, Teilung und schließlich nach einer atemberaubenden Industrialisierung Südkoreas nicht einfach zu beantworten. Denn die Geschichte hinterließ dem Land nur relativ wenige Zeugnisse kulturellen Erbes, wie Gebäude oder Kunstwerke. Fremde Einflüsse – chinesische, japanische und zuletzt amerikanische – ließen immer wieder die Frage nach den wirklichen Wurzeln der koreanischen Kultur aufkommen. Einen prägenden Einfluß auf das Verhalten der Koreaner hatte sicherlich der Konfuzianismus, der vom 14. Jh. bis zum Beginn des 20. Jh. Staatsphilosophie mit quasi-religiösen Zügen war. Obwohl sich die modernen Südkoreaner nicht als Konfuzianer bezeichnen würden, trifft man im Alltag immer wieder auf den Meister K'ung, sei es im hohen Stellenwert der Familie oder der Vorliebe für hierarchische Ordnung.

Neben der Tradition des Konfuzianismus und der Rückbesinnung auf die lange koreanische Geschichte gibt es noch eine weitere wichtige Orientierungshilfe für das moderne Korea: den starken Nationalismus. Die Selbstbehauptung gegen übermächtige Nachbarn verlangte seit je ein Zusammenstehen auf Gedeih und Verderb. Die Bedrohung aus dem Norden und der harte Wettbewerb auf den Weltmärkten geben dem koreanischen Nationalismus heute neue Inhalte und Ziele. Er bildet damit eine wichtige Triebfeder für den Aufschwung des Landes.

Umweltzerstörung: Alte Fehler neu begangen?

Der Grad der Umweltverschmutzung in Südkorea ist beängstigend hoch. Beispielsweise hatte die Luft in Seoul nach einer Statistik der Weltgesundheitsorganisation (WHO) den höchsten Schwefeldioxidanteil von allen Großstädten der Welt. Und eine Studie der Seoul National University kam zum Ergebnis, daß 67% der Regenfälle in der südkoreanischen Hauptstadt einen Säuregehalt aufwiesen, der für die Gesundheit von Mensch und Tier gefährlich ist. Auch der Verschmutzungsgrad der großen Flüsse übersteigt regelmäßig die erlaubten Grenzwerte.

Die Tatsache, daß das Problem der Umweltverschmutzung immer wieder auf die lange Bank geschoben wurde, ist nicht nur darauf zurückzuführen, daß die Technokraten das knappe Kapital lieber zum weiteren Ausbau der Industrie des Landes als für Umweltschutzmaßnahmen verwendet sahen, sondern auch auf die fehlende politische Partizipationsmöglichkeit, die eine wirksame Interessenvertretung der Betroffenen verhinderte.

Mittlerweile hat freilich auch die Regierung akzeptiert, daß Südkoreas Umweltpolitik am Scheideweg steht. Werden die negativen Auswirkungen der schnellen Industrialisierung und Urbanisierung nicht rasch beseitigt, könnte das Problem der Umweltverschmutzung für das ganze Land dramatische Konsequenzen haben. Die Ausrichtung der Olympischen Spiele 1988 hat diesen Umdenkungsprozeß bei der Regierung beschleunigt. Sie will die Hauptstadt ihres Landes bei dieser Gelegenheit der Weltöffentlichkeit natürlich nicht als „stinkenden Moloch" präsentieren. So sieht die Umweltbehörde Südkoreas die Luftverschmutzung als dringlichstes Problem an, wobei vorrangig die Emission von Schwefeldioxid, Stickoxiden und Staub verringert werden soll. Die relativ hohe Schwefeldioxidkonzentration in der Luft der Großstädte des Landes ist auf die Abhängigkeit von fossilen Energieträgern zurückzuführen. Kraftwerke, Industrie, Hausbrand und Verkehr: dies sind der Reihenfolge nach die größten Sünder bei Schwefeldioxid. Als Maßnahme zur Verringerung dieser Emissionen hat die Regierung jüngst eine Vorschrift erlassen, wonach die Industrie in Großstädten zukünftig nur noch schwefelarmes Erdöl verwenden darf. Eine ähnliche Regelung gilt bereits seit 1981 für den Dieselkraftstoff. Sogar vom Katalysator für Benzinmotoren ist schon die Rede, auch wenn er noch auf den Widerstand der heimischen Automobilindustrie stößt. Beim Hausbrand – die bisher verwendete Anthrazitkohle ist nicht nur Verursacher von Schwefeldioxid- und Kohlenmonoxidemissionen, sondern auch von Staub – soll verstärkt auf Erdgas zurückgegriffen werden; allerdings erfordert das notwendige Leitungsnetz entsprechende Investitionen, die nicht von heute auf morgen zu erbringen sind. Bei der Stromerzeugung schließlich soll der vermehrte Einsatz von Kernenergie die Abhängigkeit von fossilen Brennstoffen verringern. Obwohl diese Maßnahmen wohl erst mittel- bis langfristig wirksam werden, ist die Regierung überzeugt, die Luftverschmutzung in den Ballungszentren bis 1988 deutlich zu verringern.

Auch das zweite Problem der Hauptstadt, das Abwasser, soll bis 1988 mit dem Bau von vier neuen Kläranlagen spürbar verbessert werden. Zu diesem Zeitpunkt werden dann rd. 25% der Abwässer Seouls (statt bisher 8%) geklärt werden. Der Rest soll, wie bisher, ungereinigt in den Hangang geleitet werden. So wird wohl die Verschmutzung dieses Flusses, aus dessen Oberlauf Seoul einen Großteil seines Trinkwassers bezieht, auch nach 1988 noch ein großes Problem bleiben.

Wohlstand für alle? Wer partizipiert am Entwicklungserfolg?

Ein Thema, das Soziologen und Journalisten gleichermaßen beschäftigt, ist die Frage, wer eigentlich vom Entwicklungserfolg des Landes profitiert. Während in den Zeitungen zu lesen ist, daß der ökonomische Fortschritt vor allem der reichen Oberschicht des Landes zugute komme, zeigen die Daten der Soziologen, daß die personelle Einkommensverteilung Südkoreas im internationalen Vergleich als relativ gleichmäßig zu bezeichnen ist. Denn wie eine Gegenüberstellung der Daten zur Einkommensverteilung zeigt, hat zum einen die Ungleichheit der Verteilung Südkoreas im Zeitraum zwischen 1968 und 1982 leicht abgenommen; zum anderen ist die Einkommensverteilung Südkoreas auch egalitärer als die anderer ostasiatischer Schwellenländer – mit Ausnahme Taiwans – und die führender Industrienationen.

Entgegen dieser Fakten haben die unterprivilegierten Schichten den Eindruck, zwar mit harter Arbeit zum Aufbau des Landes beizutragen, aber im Vergleich zu anderen Bevöl-

Personelle Einkommensverteilung Südkoreas im internationalen Vergleich

Land	Jahr	Anteil der Einkommensklassen in % vom Volkseinkommen	
		untere 40%	obere 20%
Südkorea	1968	18,5	44,7
	1971	18,7	43,4
	1982	18,8	43,0
Hongkong	1971	15,6	49,0
Singapur	1973	17,0	42,4
Taiwan	1972	22,3	37,2
BRD	1970	16,7	45,6
Japan	1971	14,8	46,3
USA	1971	15,5	45,6

Quelle: S. Jain: Size Distribution of Income: A Compilation of Data, Washington 1975, Economic Planning Board

kerungsgruppen nur unterproportional vom ökonomischen Fortschritt zu profitieren. Dieser Unmut macht sich bisweilen in harscher Kritik am ausschweifenden Lebensstil der „nouveaux riches" Luft. Aus der Sicht des „kleinen Mannes" ist Reichtum automatisch mit Korruption, Betrug und Geiz verbunden – eine Einschätzung, die in einer Serie von Korruptionsskandalen ihre Bestätigung findet.

Wenn die Frage der Verteilungsgerechtigkeit in Südkorea soviel Aufmerksamkeit genießt, dann liegt das zum Teil auch in der konfuzianischen Tradition des Landes begründet. Denn die konfuzianischen Regeln besagen, daß führende Persönlichkeiten des öffentlichen Lebens in ihrem Lebensstil stets Vorbild sein sollten. Unter diesem Gesichtspunkt ist die Kritik an den „nouveaux riches" verständlich, geht es doch auch um die Bewahrung traditioneller koreanischer Wertvorstellungen.

V. Geistige Fundamente der weltlichen Dynamik

1. Korea – das konfuzianischste Land Asiens?

Leben und Lehre von Konfuzius

Die politische und gesellschaftliche Situation zur Zeit K'ung-fu-tzǔ (551–475 v. Chr.), des Meisters aus dem Geschlecht der K'ung, war durch die Auflösung des zentral verwalteten chinesischen Staates und den Verfall der Sitten gekennzeichnet. Es war deshalb nur natürlich, daß Konfuzius – so sein latinisierter Name –, der selbst als junger Mann einen Posten als Regierungsbeamter in der Regionalverwaltung bekleidete, sein Hauptaugenmerk der Reform der Gesellschaft widmete. Die Antwort auf die Frage, wie Stabilität und Harmonie der Gesellschaft erreicht werden könnten, war seine humanistische Sozialphilosophie, die den Menschen in ihren Mittelpunkt stellt.

Grundlegend für den Aufbau der Gesellschaft sind die „fünf menschlichen Beziehungen": Treue zwischen Herrscher und Untertan, Ehrfurcht zwischen Eltern und Kindern, Gehorsam zwischen Mann und Frau, Respekt zwischen Älteren und Jüngeren, Vertrauen unter Freunden. Diese Beziehungen sind aber nicht einseitig definiert – etwa so, daß der Untertan dem Herrscher uneingeschränkte Treue entgegenbringen müsse –, sondern als reziproke Verpflichtung aufzufassen; denn nach dem konfuzianischen Konzept der „Richtigstellung der Namen und Begriffe" muß ein Monarch auch die Verantwortung und Pflichten eines Herrschers übernehmen, damit ihm in der Beziehung zu seinen Untertanen Treue gebührt.

Konfuzius war dabei der Ansicht, daß Gesetze allein das Zusammenleben in einer Gesellschaft nicht regeln könnten, sondern daß es vielmehr die Aufgabe des Monarchen sei, durch sein tugendhaftes Vorbild ein moralisches Klima zu schaffen, in dem jeder seinem Status nach leben könne. Der Idealtypus des Konfuzianismus ist der „Gentleman", der durch Verinnerlichung der konfuzianischen Tugenden zur Weisheit gelangt ist und dadurch über moralische Qualitäten verfügt, die ihn zum Vorbild prädestinieren. Grundlage der konfuzianischen Ethik sind dabei folgende vier Grundtugenden: *Jen* verkörpert die Menschlichkeit, Liebe und Güte, das Moralgefühl und ist die ultima ratio jeder menschlichen Handlung. Jen ist die Tugend, die den Menschen einzigartig macht. Definiert Jen den Ursprung der Menschlichkeit, so umfaßt *Li* alle Formen der Konkretisierung und Realisierung von Jen. Li ist der Sinn für Richtigkeit, für die moralische Angemessenheit des Verhaltens, für Schicklichkeit. Bezog sich Li ursprünglich auf die traditionellen religiösen Riten, dann auch auf weltliche Zeremonien und Rituale, so erweiterte sich der Begriff später auf die ethischen und sozialen Verhaltensregeln, die in den fünf menschlichen Beziehungen zur Anwendung gelangen. In der weitesten Auslegung umfaßt Li alle Verhaltensweisen, die im Einklang mit den Normen der Menschlichkeit (Jen) stehen. *Yi*, die Tugend der Aufrichtigkeit und Rechtschaffenheit, ist die Voraussetzung für die Entwicklung von Jen; denn Yi bedeutet zum einen die Fähigkeit, zu erkennen, was richtig ist, und zum anderen die Fähigkeit, sein Verhalten an ethischen und sittlichen Grundforderungen auszurichten. Yi bildet zusammen mit Li den Verhaltenskodex der Menschen. Die vierte Grundtugend ist *Chih*, die Einsicht oder sittliche Erkenntnis.

Da diese Tugenden nicht angeboren sondern lehr- und erlernbar sind, kommt der Erziehung und Bildung im Konfuzianismus überragende Bedeutung zu. Die Entwicklung zu einem moralischen Vorbild vollzieht sich dabei in drei Stufen: Auf der ersten wird durch eingehendes Studium Wissen erworben; Wissen gilt als Voraussetzung für Erkenntnis und ethisch-moralische Rechtschaffenheit. Diese Erkenntnis führt nach konfuzianischer Vorstellung zu einer starken Ausstrahlung, die es dem Betreffenden erlaubt, auch seine Familie zu ordnen. Auf der zweiten Stufe wird der weitere Lebenskreis und letztlich der ganze Staat von diesem ethisch-moralischen Einfluß erfaßt. Auf der höchsten Stufe schließlich ruht der von Tugend und Weisheit erfüllte Mensch in seiner Erkenntnis.

Der Konfuzianismus in Korea

Gemäß dem Samguksagi, der Chronik der drei Königreiche, wurde die erste konfuzianische Hochschule auf der Halbinsel 372 n.Chr. im Königreich Koguryŏ gegründet. Anfang des 5.Jh. gelangte der Konfuzianismus dann über Korea auch nach Japan. Obwohl zur Zeit des Einheitsstaates Silla und der Koryŏ-Dynastie der Buddhismus Staatsreligion war, wurde auch der Konfuzianismus von einzelnen Königen immer wieder gefördert. Im Laufe der Zeit entwickelte sich die Lehre neben dem Buddhismus zum zweiten Pfeiler im geistigen Leben der Koreaner.

Seine Blütezeit erlebte der Konfuzianismus in Korea während der Yi-Dynastie (1392–1910), als er mit Übernahme neokonfuzianischer Ideen des chinesischen Gelehrten Chu Hsi (1130–1200) neue Kraft entfaltete und den zu dieser Zeit weitgehend korrumpierten Buddhismus zurückdrängte. Der Gründer der Yi-Dynastie, General Yi Sŏnggye, proklamiert nach seiner Machtübernahme eine Politik der „Vertreibung des Buddhismus und Verehrung des Konfuzianismus" und verhalf letzterem damit zum Durchbruch.

Die erste Periode des Konfuzianismus in der Yi-Dynastie bis etwa Anfang des 16.Jh. ist durch Grundsatzdiskussionen und methodologische Auseinandersetzungen geprägt. In der zweiten Periode, die mit dem Auftreten des herausragenden koreanischen Neokonfuzianers Yi T'oegye (1501–1570) beginnt, erreicht der Konfuzianismus in Korea dann seinen absoluten Höhepunkt. Der brillante Philosoph Yi T'oegye, der auch bei japanischen und chinesischen Konfuzianern höchstes Ansehen genießt, entwickelt die neokonfuzianische Philosophie weiter und ergründet als erster ihre Metaphysik. Nach Yi

T'oegye besteht die menschliche Natur aus zwei Aspekten: Zum einen aus der vom Himmel verliehenen Natur, die ausschließlich gut ist und kein böses Element enthält, und zum anderen aus der Gefühlsnatur, die in der menschlichen Leidenschaft begründet ist und keine Unterscheidung zwischen gut und böse trifft. Entsprechend war er der Ansicht, daß die vier Grundtugenden, Menschlichkeit, Rechtschaffenheit, Schicklichkeit und Einsicht, aus dem sittlichen Urprinzip Li hervorgehen, während die sieben Empfindungen (Freude, Zorn, Schmerz, Furcht, Liebe, Haß und Begierde) dem physischen Urprinzip Chi entstammen. Der Dualismus von Li und Chi, die getrennt im Menschen wirken, wurde von seinen Widersachern, die die beiden Urprinzipien als eine untrennbare Einheit im Herzen des Menschen betrachteten, scharf kritisiert. Denn jede Empfindung entstehe gerade aus dem Zusammenspiel von Li und Chi; dominierten dabei die vier Grundtugenden, so trete das Gute in den Herzensregungen hervor.

So kam es zunächst zu heftigen Disputen zwischen den Vertretern dieser unterschiedlichen Meinungen, die später in Fraktionismus und Parteienstreit ausarteten. Da die Fraktionskämpfe vom 17. Jh. an auch zu zahlreichen politischen Krisen führten und die Stabilität des Landes in Frage stellten, galt der Konfuzianismus in den Augen fortschrittsorientierter Koreaner lange Zeit als destabilisierender Faktor und Hemmnis bei der Modernisierung des Landes.

Dieses sehr pauschale und einseitige Urteil vernachlässigt nicht nur die Errungenschaften des Konfuzianismus als Philosophie und bestimmende Kraft der sittlichen und ethischen Wertvorstellungen der koreanischen Gesellschaft, sondern auch, daß es innerhalb des Konfuzianismus Strömungen gab, die sich eingehend mit der Verbesserung der Lebensgrundlage der Bevölkerung befaßten. Beispielhaft sei hier die Sirhak-Philosophie („wirkliches Lernen") angeführt, die, vom vorherrschenden Konservatismus und den akademischen Streitereien abgestoßen, ihr Interesse auf wirtschaftliche und soziale Reformen verlegte, mit denen der Lebensstandard der Bevölkerung verbessert werden sollte. Aufgrund ihrer intensiven Beschäftigung mit den gesellschaftlichen Problemen gelangten Vertreter der Sirhak-Philosophie zu fortschrittlichen wirtschaftlichen und sozialen Theorien, die weit über den Rahmen des Konfuzianismus im engeren Sinne hinausgingen. Auch ihr Interesse für Naturwissenschaften und ihre Haltung zum aufkommenden Christentum, die von Skepsis bis Sympathie reichte, sprengten die Grenzen der konfuzianischen Lehre.

Die Bedeutung des Konfuzianismus für das heutige Korea

Auch in einer Zeit, in der der Süden der Halbinsel mit westlichem Materialismus und der Norden mit der kommunistischen Doktrin konfrontiert sind, ist das konfuzianische Erbe im Leben der Koreaner noch tief verwurzelt. So sind auch heute noch die grundlegenden sittlichen und ethischen Wertvorstellungen durch die Lehre des Konfuzius bestimmt.

Aber auch im politischen Bereich spielt der Konfuzianismus eine Rolle: So ist die Mystifizierung des „geliebten Führers" Kim Ilsŏng und der Aufbau der nordkoreanischen Gesellschaft auf diesem Führerkult nur vor dem Hintergrund der traditionellen konfuzianischen Ethik verständlich, die gerade den Respekt und die Loyalität gegenüber dem Herrscher als eine der Grundbeziehungen zwischen Menschen definiert.

Darüber hinaus hat der Konfuzianismus auch die außerordentlichen wirtschaftlichen Erfolge Südkoreas und anderer ostasiatischer Staaten begünstigt. Konkrete Anhaltspunkte für den Beitrag des Konfuzianismus zum wirtschaftlichen Aufstieg Südkoreas geben folgende drei Aspekte: Zum einen hat die konfuzianische Tradition, die dem Lernen und der Bildung einen überaus hohen Stellenwert einräumt, in der Bevölkerung ein Bildungsethos erzeugt, das die Grundlage für eine gut ausgebildete Arbeitnehmerschaft war und ist. Gerade die rohstoffarmen ostasiatischen Staaten demonstrieren die überragende Bedeutung motivierter und gut ausgebildeter Arbeitskräfte. Zum zweiten hat das konfuzianische Wertesystem in der Zeit des sozialen Umbruchs, die durch den Niedergang der traditionellen Herrscherschichten und durch die Auflösung ökonomischer Oligarchien gekennzeichnet war, das Entstehen einer risikofreudigen Unternehmerschicht begünstigt. Und drittens schließlich richteten sich die soziale Loyalität und Gruppenorientierung der Arbeiter schnell auf die neu entstandenen Unternehmen, die damit in den Genuß der ehemals den Monarchen entgegengebrachten Loyalität kamen. Die Unterordnung unter das Gruppeninteresse, selbst wenn sie vom einzelnen Opfer verlangt, und die dadurch begünstigte innerbetriebliche Harmonie sind sicherlich wesentliche, kulturell bedingte Zutaten zum ostasiatischen Erfolgsrezept.

2. Buddhismus – noch die größte Religion in Korea

Geschichte des Buddhismus in Korea

Auch heute gehört der buddhistische Mönch oder die Nonne im grauen Gewand und mit kahl geschorenem Haupt zum alltäglichen Straßenbild in Südkorea. Zum Buddhismus bekennt sich etwa ein Drittel der südkoreanischen Bevölkerung. Obwohl der Zahl der Gläubigen nach noch größte Religion, steht er in seiner Bedeutung als intellektuelle, gesellschaftliche und soziale Kraft doch deutlich hinter dem Christentum zurück.

Der Buddhismus kam im Laufe des 4. Jh. n. Chr. über China auf die koreanische Halbinsel, wo er zunächst in den Königreichen Koguryŏ und Paekche Verbreitung fand. Zusammen mit der Religion kamen auch wichtige chinesische Kulturelemente – wie z. B. die chinesische Schrift – nach Korea. Zunächst als eine Art Magie zum Schutze des Landes und zur Abwehr von Unglück verstanden, drängte der Buddhismus in den beiden Königreichen bald Ahnenkult und Animismus zurück und wurde zur Staatsreligion erhoben. Zwar wird der Buddhismus im Königreich Silla, das lange Zeit eine untergeordnete Rolle spielte, erst Anfang des 6. Jh. zur Staatsreligion erhoben, erlebt dort aber schon im 7. und 8. Jh. eine Blüteperiode, von der noch heute der Höhlentempel Sokkuram und die Tempelanlage Pulguksa in Kyŏngju, der Hauptstadt Sillas, zeugen.

Auch während der Koryŏ-Dynastie wurde das intellektuelle und geistige Leben vom Buddhismus geprägt, der als Staatsreligion besondere Förderung durch das Königshaus und den Adel genoß. Durch zahlreiche Tempelneubauten und staatliche Schenkungen von Ländereien und Sklaven an die Klöster erlangte der Klerus eine Machtfülle, die bisweilen sogar eine Gefahr für die Stabilität des Staates darzustellen drohte. Zu dieser Zeit wird auch das religions- und kulturgeschichtlich bedeutsame Tripitaka koreana, eine Sammlung buddhistischer Texte, herausgegeben. Während eine erste Edition – sie entstand in der ersten Hälfte des 11. Jh. – von Mongolen zerstört wurde, können die Druckstöcke der zweiten, aus den Jahren 1237–51 stammenden Edition noch heute im Haein-Tempel nahe der Stadt Taegu besichtigt werden.

Der Machtmißbrauch des Klerus während der Koryŏ-Dynastie führte zunehmend zum Verfall der Religion. Zu Beginn der Yi-Dynastie kam es deshalb zur Entmachtung des buddhistischen Klerus. Die Steuerfreiheit der Klöster wurde aufgehoben, ihre Ländereien wurden verstaatlicht, die Zahl der Tempel limitiert. Mit der systematischen Trennung von Staat und Kirche sowie der Einführung der konfuzianischen Staatsethik verlor der Buddhismus seine über 800 Jahre andauernde Vormachtstellung; von dieser nachhaltigen Schwächung sollte er sich bis heute nicht mehr erholen.

Buddhas Weg zur Erleuchtung

Buddha wurde ca. 563 v. Chr. als Prinz Gautama Siddhartha nahe der heutigen indisch-nepalesischen Grenze geboren. Seinem Vater, Herrscher über ein Königreich, wurde prophezeit, daß sein Sohn beim Anblick des Leides in der Welt sich vom Königreich abwenden und zu einem berühmten Asketen und Lehrer der Menschheit aufsteigen würde. Da er seinen Sohn nicht auf diese Weise verlieren wollte, beschloß er, alles daran zu setzen, seinen Sohn vom Übel dieser Welt fernzuhalten.

3 Ein buddhistischer Mönch im Gebet im Pulguksa-Tempel in Kyŏngju, der alten Hauptstadt Koreas

Um ihm das Leid zu ersparen, versah er ihn mit allem Prunk und allen Freuden des Lebens. Aber als Gautama Siddhartha bei Ausflügen aus seinem Palast einem Greis, einem Kranken, einem Toten und einem Asketen begegnet, wird ihm die Leere seines bisherigen Lebens bewußt. Er verläßt deshalb den Palast seines Vaters, um den Weg zur Erlösung zu suchen. Nach Jahren strenger Askese, in denen er sich den härtesten Kasteiungen unterzieht, kommt er zum Schluß, daß weder die volle Hingabe an die Freuden des Lebens noch exzessive Askese das Leid besiegen kann. Deshalb wählte er einen mittleren Weg zwischen dem Befrieden der Sinne und strenger Askese und legte seine Kraft in die Aufdeckung der Ursachen des Leids. Entschlossen, von nun an dem mittleren Weg zu folgen, erkannte Gautama bald die Ursachen des Leids und erlangte allwissende Erleuchtung. Während der nächsten vierzig Jahre seines Lebens zog Buddha („der Erleuchtete") in Indien umher und lehrte die „Vier Edlen Wahrheiten vom Leid" und den „Edlen Achtfachen Pfad". Während dieser Jahre seines Wirkens gewann er viele Anhänger, die nach seinem Tod (ca. 480 v. Chr.) die Lehre weiterverbreiteten.

Die Lehre Buddhas

Die Lehre des Buddhismus setzt sich zum einen aus der systematischen Analyse der Natur und des Ursprungs des Leids und zum anderen aus Wegen zur Überwindung dieses Leids zusammen.

Der Weg zur Erleuchtung besteht in seiner einfachsten Form aus den Vier Edlen Wahrheiten und aus dem Achtfachen Edlen Pfad. Die erste Wahrheit besagt, daß das ganze Leben Leid ist: Geburt, Krankheit, Tod, Trennung von Geliebtem, Verschließung von Ersehntem. Diese Aufzählung von Leid gibt Beispiele, die leicht nachvollzogen werden können, ohne erschöpfend sein zu wollen. Aber das Leid geht tiefer als diese Beispiele, denn häufig ist des einen Freude des anderen Leid. Das Leid des anderen aber ist nicht ohne Rückwirkung auf einen selbst. Die zweite Wahrheit besagt, daß alles Leid der Begierde entstammt. Man möchte verhindern, was nicht zu verhindern ist, und man möchte haben, was nicht zu haben ist. Es ist die Begierde, der blinde Zwang, ein „Selbst" zu haben, die das Leid verursachen. Denn nicht die Dinge selbst, sondern erst deren Verbindung zu einem „Selbst" rufen das Leid hervor. So ist die Wahrheit über den Ursprung des Leids, daß es die Begierde eines „Selbst" ist, die das Leid auslöst. Aus der Analyse der Ursachen des Leids folgt die dritte Wahrheit, daß das Leid mit Aufhebung seiner Ursachen verschwindet. Wenn der Durst der Begierde überwunden wird, dann endet auch das Leid.

Aber da es von der Erkenntnis, wie das Leid beendet werden kann, zur Realisierung dieses Zustands ein weiter Weg ist, faßt die vierte Wahrheit im Achtfachen Edlen Pfad Vorschriften zusammen, wie dieses Ziel erreicht werden kann. Der mittlere Weg, die praktische Philosophie des Buddhismus, ist auf folgenden acht Prinzipien aufgebaut:

1. Rechtes Glauben
2. Rechtes Entscheiden
} Weisheit

3. Rechtes Reden
4. Rechtes Handeln
5. Rechtes Leben
} Disziplin

6. Rechtes Streben
7. Rechtes Denken
8. Rechtes Sichversenken
} Meditation

Obwohl diese acht Prinzipien auch als Stufenleiter auf dem Weg zur Erleuchtung interpretiert werden können, muß der nach Erleuchtung Strebende doch alle Prinzipien gleichzeitig verfolgen. Die acht Prinzipien des Lebens entstammen wiederum drei Grundaxiomen, die die Basis für ein rechtes Leben bilden. Die Prinzipien des rechten Redens, Handelns und Lebens entspringen der Disziplin, deren Aufgabe es ist, das Entstehen neuer Begierden zu kontrollieren bzw. zu verhindern. Das Axiom der Meditation, das rechtes Streben, Denken und Sichversenken umfaßt, zielt darauf ab, den bestehenden Durst der Begierde aufzulösen. Das Axiom der Weisheit schließlich, das rechtes Glauben und Entscheiden beinhaltet, sichert ein Leben ohne Leid.

Der achtfache Pfad als praktische Anweisung zur Erleuchtung zielt darauf ab, die größte menschliche Illusion, die Vorstellung eines beständigen „Selbst", zu zerstören. Denn diese Illusion führt zu einem Verhaften an allem Irdischen und ist die Ursache für Begierden und Lebensdurst. Nach der buddhistischen Lehre besteht das Selbst des Menschen aus einer Vermengung von fünf Daseinsfaktoren (Körperlichkeit, Empfindung, Wahrnehmung, Triebkräfte und Bewußtsein), wobei im Karmagesetz die Vorstellung von der Nichtbeständigkeit des Selbst mit der einer endlichen Zahl von Wiedergeburten verbunden wird. Das Karma, die Summe der in einer Existenz erzeugten, moralisch bedeutsamen Willensregungen, bildet eine Kausalitätenkette, bei der jede Tat mit der nächsten verbunden ist. Aus den Konsequenzen der Taten des letzten Lebens folgt so die Fortsetzung der Kette im nächsten Leben. Der Geburtenkreislauf wird erst mit Erreichen des Nirvana („das Erlöschen") durchbrochen. Der Buddhismus kennt dabei zwei Arten von Nirvana: Einmal das diesseitige, das von dem nach Erlösung Strebenden schon in diesem Dasein erreicht werden kann, und bei dem noch ein Restbestand der fünf Daseinsfaktoren existiert; zum anderen das jenseitige Nirvana, das Erlöschen des individuellen Bewußtseins und des Lebensdurstes, das mit Lösung aus dem Geburtenkreislauf das Ende allen Leidens verheißt.

Zwei buddhistische Schulen: Hinayana und Mahayana

Gut hundert Jahre nach dem Tod Buddhas kam es auf dem zweiten Konzil nach Uneinigkeiten über die Auslegung der Schriften und das Wesen Buddhas zur Herausbildung zweier Hauptrichtungen der Lehre: Die Theravada-Schule, die sich aus Vertretern der „Lehre der Ältesten" rekrutierte, legt bei Verfolgung des mittleren Weges großes Gewicht auf Selbstdisziplin und eigene Anstrengung. Erlösung ist nur für den möglich, der sich einem buddhistischen Orden anschließt. Ziel jeden Mönches ist es, den Zustand des Arhat, des diesseitigen Nirvana zu erreichen, der beim Tod den sofortigen Übergang in das jenseitige Nirvana erlaubt. Da die Theravada-Schule nur wenigen die Erlösung verheißt, wurde sie von ihren Kritikern mit dem Begriff Hinayana („kleines Fahrzeug") belegt. Die Hinayana-Richtung des Buddhismus ist heute in Sri Lanka, Burma und Kambodscha verbreitet.

Als Pendant zur Theravada-Schule und Antwort auf die religiösen Bedürfnisse des Volkes entstand die Mahayana-Richtung („großes Fahrzeug"), die zum einen die Vorstellung eines transzendentalen Buddhas entwickelte, der allmächtig den Menschen helfend beisteht, und zum anderen allen Menschen den Weg ins Nirvana ermöglicht.

Der Wandel des Mahayana-Buddhismus, der heute vor allem in China, Korea und Japan verbreitet ist, zur Erlöserreligion wird durch die Tatsache deutlich, daß der Sehnsucht des Volkes nach Erlösung durch eine Reihe von Erlösergestalten (Bodhisattva) Rechnung getragen wird. Die Bodhisattva, die die Stufe der Erleuchtung bereits erreicht, den Eintritt ins Nirvana aber verschoben haben, um den Menschen beizustehen, machen die Erleuchtung nicht nur durch eigene Anstrengung wie im Hinayana, sondern auch durch den Glauben möglich. Neben den Bodhisattva gibt es eine Reihe weiterer Gestalten, die dem Menschen auf dem Weg zur Erleuchtung beistehen, wie z.B. den kommenden Buddha, Maitreya (kor. Mirŭk) oder Amithābā (kor. Amida), der im reinen Land residiert und jeden zu sich aufnimmt, der in der Stunde des Todes seinen Namen ruft.

3. Das Christentum – die heimliche Opposition?

Sonntags in Seoul. Es ist halbfünf Uhr morgens. Menschen mit ledergebundener Bibel und Gesangbuch unter dem Arm beleben die noch dunklen Straßen. Sie sind die Vorhut eines bis in die späten Abendstunden nicht abreißenden Stromes von Gläubigen auf dem Weg in die Kirchen der Hauptstadt, die mit ihren Lautsprechern und Glocken zum Gottesdienst rufen. Und Kirche, das ist in Seoul überall dort, wo sich Menschen zum Gebet versammeln können: Ein Platz im Freien, ein Armeezelt, der zweite Stock eines Bürogebäudes oder eines der über 2000 Kirchenhäuser der Hauptstadt. 1,7 Millionen Katholiken, 5,3 Millionen Protestanten, 2 Millionen Mitglieder christlicher Sekten – das sind die statistischen Zahlen, die hinter dem sonntäglichen Straßenbild in Südkorea stehen.

Jeder, der einmal dieses „lebendige Christentum" an einem Sonntag in Korea miterlebt hat, wird sich fragen, was eigentlich die Gründe für die außergewöhnliche Popularität der christlichen Kirchen in dem doch so tief im Konfuzianismus verwurzelten Land sind. Ein Grund mag sicherlich sein, daß es nicht „langnasige" Missionare waren, die das Christentum in Korea eingeführt haben, sondern die Koreaner selbst, die im 18. Jh. die christliche Lehre für sich entdeckten. Vom Neokonfuzianismus mit seinen endlosen Disputen abgestoßen, wendeten sich die Mitglieder einer der zahlreichen konfuzianischen Schulen zu dieser Zeit dem Katholizismus zu. Dabei war ihr Interesse eher intellektuell als religiös: Als sie am Hof in Peking zum ersten Mal mit westlichen Schriften in Berührung kamen, studierten sie diese meist christlichen Bücher mit großem Eifer in der Hoffnung, eine Alternative zum rigiden Neokonfuzianismus ihrer Zeit zu finden. Und nach ausgiebigen Studien kamen sie zu dem Schluß, im Katholizismus in der Tat das gefunden zu haben, wonach sie suchten. So dauerte es nicht lange, bis sich einer der Gelehrten, Yi Sunghun, 1784 in Peking taufen ließ und nach seiner Rückkehr die erste katholische Kirchengemeinde in Korea gründete.

Obwohl der Katholizismus von Gelehrten nach Korea gebracht worden war, fand er die meisten Anhänger zunächst bei den unteren Schichten und bei den Bauern, die mit ihm die Hoffnung auf einen Ausweg aus der feudalen Unterdrückung verbanden. Allerdings sah die Regierung dieser regen Missionstätigkeit der neuen Kirche nur kurze Zeit untätig zu. Bereits 1786 wurde die „westliche Lehre" wegen Nichtbeachtung der Ahnenverehrung ebenso verboten wie das Studium westlicher Schriften. Während der folgenden hundert Jahre waren die Christen immer wieder das Ziel von Verfolgungen. Obwohl bei den vier größten Verfolgungswellen in den Jahren 1801, 1839, 1846 und 1866 Tausende von Gläubigen ihr Leben lassen mußten und der Katholizismus auf den Status einer Untergrundkirche zurückgedrängt wurde, stieg die Zahl der Gläubigen stetig an. Erst mit der Öffnung des Landes stellte die koreanische Regierung die Christenverfolgung ein und sicherte den Katholiken religiöse Freizügigkeit zu.

Mit der Ankunft von drei amerikanischen Missionaren im Jahr 1885 gelang es, gut hundert Jahre nach dem Katholizismus, auch dem Protestantismus, auf der Halbinsel Fuß zu fassen. Es waren zunächst die Presbyterianer, im geringeren Maße auch Methodisten und Anglikaner, die auf der Halbinsel Fuß faßten und mit der Errichtung von Schulen, Krankenhäusern und Universitäten die Modernisierung des Landes vorantrieben. Mit der Annexion Koreas durch Japan zeigte sich, daß das Engagement des Protestantismus nicht nur auf soziale Fragen beschränkt blieb: 15 der 33 Unterzeichner der Unabhängigkeitserklärung von 1919 bekannten sich zum Protestantismus.

Dennoch wäre es falsch, anzunehmen, daß sich alle Protestanten jener Zeit dem antijapanischen Widerstand verschrieben hätten. Vielmehr kann die Rolle der protestantischen Kirche zu dieser Zeit in vieler Hinsicht mit dem Selbstverständnis der christlichen Kirchen im heutigen Südkorea verglichen werden, die das Christentum als eine mäßigende Kraft und als Zufluchtsort für alle Bedrückten und Verfolgten auffassen. Obwohl ihre Gläubigen häufig politisch aktiv sind, versucht die Kirche als Institution sich der Politik gegenüber neutral zu verhalten, soweit nicht christliche Grundwerte beeinträchtigt sind. Dennoch bleibt, daß mit dem Protestantismus die amerikanisch-liberale Tradition nach Korea kam; sie stellt auch heute noch einen wichtigen Faktor für die Popularität des Protestantismus dar.

Eine weitere Ursache für die Verbreitung des Christentums in diesem ostasiatischen Land war der Koreakrieg, der durch das Leid, das er der Bevölkerung auferlegte, die Hinwendung zum Hoffnung verheißenden Christentum begünstigte.

In den sechziger und siebziger Jahren konnten die christlichen Kirchen ihre Anhängerschar vor allem bei den landflüchtigen Bauern und Landarbeitern vergrößern. Die Industrialisierung des Landes, die in weniger als zwei Dekaden die traditionelle Agrar- in eine moderne Industriegesellschaft verwandelte, erforderte eine soziale Mobilität nicht gekannten Ausmaßes. Millionen von Landbewohnern verließen das engmaschige Netz ihrer Dorfgemeinschaft und ertranken förmlich in der Unpersönlichkeit und Anonymität der Großstädte. In dieser „Gesellschaft des Aufbruchs" war das Christentum das einzige, was Stabilität, Kontinuität und Hoffnung verhieß. So engagierten sich die Kirchen immer häufiger für die Belange der Schwachen und Hoffnungslosen, wie z.B. die protestantische „Städtische Mission" für Textilarbeiter oder der katholische Bauernverband für Landarbeiter.

Mit Einführung der Yusin-Verfassung im Jahre 1972, mit deren Hilfe Präsident Park alle Kräfte des Landes auf die weitere wirtschaftliche Entwicklung konzentrieren wollte und dabei bewußt eine Einschränkung der bürgerlichen und politischen Freiheiten in Kauf nahm, ersetzten die Kirchen in Korea immer häufiger die in ihrer Handlungsfreiheit beeinträchtigte Opposition. So zählte beispielsweise Kardinal Stephen Kim zu den herausragenden Kritikern der Yusin-Verfassung. Diese Haltung der Kirchen und das offene Bekenntnis wichtiger Persönlichkeiten des öffentlichen Lebens zum Christentum, wie z.B. des Dichters Kim Chiha oder des Oppositionspolitikers Kim Daejung, vergrößerten die Popularität des Christentums weiter.

Die Kirchen bemühen sich auch selbst, mittels aggressiver Missionstätigkeit ihre Anhängerschaft stetig zu vermehren. Der Missionseifer geht dabei sogar soweit, daß die verschiedenen Glaubensrichtungen und Sekten versuchen, sich gegenseitig Anhänger abzuwerben. Dahinter steht weniger ein religiöses als vielmehr ein wirtschaftliches Interesse: Wetteifern die offiziellen Kirchen darum, welche Gemeinde das größte und schönste Gotteshaus, finanziert aus den Spenden der Gläubigen, vorweisen kann, so sind bei den zahlreichen Sekten die wirtschaftlichen Interessen noch offenkundiger. Als Beispiel sei hier nur die auch in Deutschland tätige „Vereinigungskirche" des koreanischen Sektengründers Mun Sŭnmyŏng angeführt, die nach eigenen Angaben in Korea 500 000 und weltweit 3 Millionen Anhänger zählt. Ihre wirtschaftlichen Interessen reichen vom Handel mit Ginseng-Tee über Pharmazeutika, Textilien, Maschinenbau bis hin zum eigenen Hotel. Das weltweite Vermögen der Vereinigungskirche, das in Korea die börsennotierten Unternehmen Korea Titanium, Ilhwa Pharmaceuticals, Tongil Industry, Tongil Corp. und Ilshin Stoneworks umfaßt, wird auf mehrere hundert Millionen US-Dollar geschätzt.

Obwohl seit Beginn des Christentums in Korea viele Menschen gerade deshalb von der „westlichen Lehre" angezogen wurden, weil sie dem hierarchischen System des Konfuzianismus entfliehen wollten, herrscht doch innerhalb des christlichen Klerus und der kirchlichen Institutionen eine strikte konfuzianische Hierarchie. So trifft denn ein koreanischer Theologieprofessor den Nagel auf den Kopf, wenn er bemerkt: „Die Christen in Südkorea sind weder liberal, noch progressiv, es sind Konfuzianer in christlichem Gewand".

4. Schamanismus und Volksglaube – auch in der Industriegesellschaft haben sie ihren Platz

Es ist ein Ausdruck kultureller Eigenständigkeit und Kontinuität, daß der Schamanismus auch in einer Zeit, in der das westliche rationale Denken das wirtschaftliche und politische Leben bestimmt, seinen Stellenwert in der südkoreanischen Gesellschaft bewahrt hat. So ist es durchaus alltäglich, daß ein gebildeter Geschäftsmann den Umzug in neue Räumlichkeiten im Kreise seiner Freunde und Bekannten mit einem schamanistischen Ritual begeht, um die Geister günstig zu stimmen. Ebenso häufig kommt es vor, daß bei einer Krankheit statt des Arztes die Mudang, die Schamanin, aufgesucht wird.

Mudang sind Frauen, die das schamanistische Ritual (Kut) – das Hersagen von Beschwörungsformeln und das Aufführen spezieller Tänze – vollziehen und in spiritistischer Trance den Kontakt zu Göttern und Geistern herstellen. W. Gundert gibt folgende anschauliche Beschreibung der Kut, die für gewöhnlich innerhalb eines Schreines abgehalten wird:

„Die Mudang tritt stets mit zwei Gehilfinnen auf, welche Trommel und Gong bedienen und ihr geisterbannende Gewänder überwerfen. Mit Schellen, Fächer, Spiegel oder Messer ausgerüstet, leiert sie Beschwörungsformeln, macht Gebärden des Angriffs, wiegt, schnellt und dreht sich in berauschendem Tanze, der auf seinem Höhepunkt unter höllischem Lärm in völlige Ekstase, ja bei Unbotmäßigkeit des Geistes in Szenen von wildester Heftigkeit mit Schweißtriefen, Selbstverwundung, Wälzen am Boden bis zu äußerster Erschöpfung übergeht. Reichliche Naturalopfer vor und Geldspenden während der Handlungen sind unerläßlich."
(W. Gundert, Die Religionen der Koreaner, Stuttgart 1935, S. 190 f.)

Die reichlichen Geldspenden während einer Kut sind denn auch ein Motiv dafür, den Beruf der Mudang oder des Paksu, des männlichen Gegenstücks zur Schamanin, zu ergreifen. Neben Personen, die sich hauptsächlich aus wirtschaftlichen Gründen zum Schamanentum berufen fühlen, gibt es solche, die durch Auftreten bestimmter Faktoren (z. B. Blindheit, geistige Labilität) zu Schamanen prädestiniert sind, oder auch Menschen, die diesen Beruf ererbt haben. In allen drei Fällen kommt dem Schamanismus auch eine „sozialpolitische" Funktion zu, da sich meist Personen aus gesellschaftlichen Randgruppen zu diesem Beruf hingezogen fühlen. Die Einträglichkeit des Schamanentums mag auch eine der Ursachen sein, weshalb sich die Zahl der Mudang in den letzten Jahren stetig erhöht hat.

Für den „Lebensunterhalt" der Schamanen sorgen eine Unzahl von Kwisin – Göttern, Geistern, Dämonen und Gespenstern –, die das Leben der Menschen beeinflussen. Da die Kwisin sehr unterschiedliche Neigungen und Temperamente haben, die nur die Mudang oder der Paksu richtig beurteilen können, bleibt es den Schamanen vorbehalten, zwischen Menschen und Geistern zu vermitteln. Kwisin können einerseits von Natur aus Geister sein, andererseits diesen Status aufgrund eines bestimmten Faktums erworben haben. Das schamanistische Pantheon reicht von Himmelsgöttern über irdische Götter, meist historische Heldengestalten, Haus- und Erdgeister bis hin zu Kobolden und Tieren.

Zu den Erdgeistern zählt auch Changsŭng, Schutzgott zur Abwehr böser Geister, der in grell bemalten, menschenähnlichen Holzpfählen mit fratzenhaftem Gesicht am Dorfeingang oder an Wegrändern verehrt wird. Diese Holzpfähle, die meist paarweise vorkommen, wobei auf der rot bemalten männlichen Figur gewöhnlich in chinesischen Schriftzeichen „Oberkommandierender der Welt" und auf der blaugrün bemalten weiblichen Figur „Herrscherin der Unterwelt" geschrieben steht, dienen auch als Wegweiser. Ihre eigentliche Funktion aber ist es, ein bestimmtes Gebiet abzustecken und seine Bewohner vor Unheil zu schützen. Bisweilen werden ihnen auch magische Kräfte nachgesagt.

Jedes Dorf hat darüber hinaus seinen individuellen Berggott, der meist in einem nördlich gelegenen Berg residiert. Er soll für gute Ernten sorgen und Unheil vom Dorf fernhalten. Sollte es aber einem der zahlreichen Krankheitsgötter doch gelingen, sein Unwesen zu treiben, so ist die Mudang zur Abwehr der Krankheit und als Vermittlerin zwischen dem Befallenen und dem Kwisin zu konsultieren. Ihre Heilmethoden sind dabei gar nicht zimperlich und stehen bisweilen in krassem Widerspruch zur „Schulmedizin". Beispielsweise wird der Patient zur Austreibung des Malariageistes überraschend von einer Brücke ins Wasser gestoßen. Bei Irrsinn findet die Prügelmethode Anwendung, bei der der Befallene mit einem Stock vom Maulbeerbaum geschlagen wird.

Im Gegensatz zu dem Anspruch abendländischer Religionen, den einzig seligmachenden Weg aufzuzeigen, sind die ostasiatischen Religionen in diesem Punkt sehr viel toleranter. Und so wird niemand daran gehindert, auf dem Weg zur buddhistischen Erleuchtung ein neues Büro mittels eines schamanistischen Rituals einweihen zu lassen, den Gott des Dachbalkens und andere Kwisin zu ehren und eine Hochzeitsfeier nach christlichem Ritual zu begehen.

VI. Einblicke in die koreanische Lebenskultur

Das traditionelle koreanische Haus

Kommt in einer Unterhaltung mit einem Koreaner die Sprache auf das traditionelle koreanische Haus, so klingt häufig Wehmut in der Stimme: Denn viele, die ihre Jugend noch in einem der einstöckigen, meist in einem U- oder L-förmigen Grundriß gebauten Häuser mit geschwungenem Dach verbracht haben, müssen heute mit einer engen Wohnung in einer der zahlreichen Hochhaussiedlungen Vorlieb nehmen – ein Verlust, den viele Koreaner nur schwer verschmerzen.

Die bemerkenswerte Dachkonstruktion des typischen koreanischen Hauses trägt viel zu seiner Anmut bei. Gedeckt mit halbrunden Ziegeln – in den Zeiten, da noch die meisten Häuser mit Stroh gedeckt waren, galt die Zahl der Dachziegel als Zeichen des Wohlstands –, ragt das auf schweren Balken ruhende Dach über die Hausmauer hinaus und gewährt so auch der rund ums Haus führenden Holzveranda (kor. „Maru") Schutz vor den heftigen Regenfällen des Sommers. An den Ecken verläuft das Dach mit einem Schwung nach oben, so daß der häufig kunstvoll verzierte Abschlußziegel gen Himmel weist.

Die Fenster und Türen des traditionellen koreanischen Hauses bestehen aus einem gezimmerten Holzrahmen, auf den Seidenpapier gespannt ist. Zwar gibt es für den Winter Doppelfenster gleicher Machart, die aber nur unzureichend vor dem bisweilen sehr strengen Frost schützen. Trotzdem müssen die Koreaner im Winter nicht frieren, können sie sich doch auf ihre Ondol-Heizung verlassen, ein zentrales Heizungssystem, bei dem der heiße Rauch des kohle- oder holzbefeuerten Herdes über ein Leitungsnetz unter dem Fußboden hindurchgeleitet wird und diesen angenehm temperiert. Da es bei diesem System immer wieder einmal zu Undichtigkeiten des Leitungsnetzes kommt, die zu tödlichen Schwefeldioxidvergiftungen führen können, findet man bei Neubauten fast ausschließlich eine mit Wasser betriebene Fußbodenheizung.

Das koreanische Haus ist so konzipiert, daß alle Tätigkeiten und Funktionen bequem und ohne Anstrengung ausgeführt werden können. Wenngleich der Wohnfläche nach kleiner als europäische Häuser – dies gilt erst recht, wenn man den Wohnraum pro Bewohner zugrundelegt, da in Korea häufig noch drei Generationen unter einem Dach wohnen –, wird dieser Nachteil zum Teil dadurch wettgemacht, daß der wenige Raum nicht durch viele Möbel verstellt wird. Neben der obligatorischen Küche und einem großen Schlafzimmerschrank, der die Kleidung, Bettmatten und Decken aufnimmt – meist handelt es sich um einen schwarzen Lackschrank mit Perlmuttintarsien –, gibt es im traditionellen koreanischen Haus allenfalls einen Wandschirm und einige mit Beschlägen verzierte Truhen. Zum Essen wird der ca. 30 cm hohe Tisch, gedeckt mit den Speisen, aus der Küche ins Anbang, das größte Zimmer, getragen, wo die Familie auf Sitzkissen – die Männer mit gekreuzten Beinen, die Frauen auf den Fersen sitzend – die Mahlzeit einnimmt. Die Wände des Anbang sind gewöhnlich mit Tuschezeichnungen und Kalligraphien geschmückt. Da sich ein Großteil des häuslichen Lebens auf dem Fußboden abspielt, achtet die Hausfrau mit peinlicher Genauigkeit darauf, daß der mit gewachstem Seidenpapier bedeckte Boden stets blitzblank ist. Aus diesem Grund darf das koreanische Haus auch niemals mit Straßenschuhen betreten werden.

Hanbok: die Nationaltracht

Die koreanische Nationaltracht (Hanbok) ist von besonderer Grazie und Anmut. Bei Frauen besteht die Hanbok aus einem bodenlangen Wickelrock und einer kurzen Jacke mit geschwungenen Ärmeln. Sie wird mit einer raffiniert gebundenen Schleife mit langen Bändern verschlossen. Häufig sind die Gewänder aus Seide genäht und mit kunstvollen Stickereien verziert. Die farbenfrohe Hanbok, die im Gegensatz zur westlichen Kleidung nicht Brust und Taille, sondern den Hals der Frau betont, fällt in einem Schwung von den Schultern bis zum Boden. Heutzutage wird die Nationaltracht im Alltag nur noch von älteren Frauen getragen, während die jüngere Generation westliche Kleidung bevorzugt. Aber an Festtagen und zu besonderen Anlässen legt auch sie die anmutige Nationaltracht an.

Bei Männern besteht die ebenfalls farbenfrohe Hanbok aus einer weiten Pluderhose, einem speziellen Hemd, das mit der gleichen kunstvollen Schleife gebunden wird wie die Jacke der Frauen, einer Weste und einer Jacke mit geschwungenen Ärmeln. Die Pluderhose wird an den Knöcheln und an der Hüfte mit Bändern befestigt. Die Männer tragen zur Nationaltracht bisweilen einen breitkrempigen Hut aus Roßhaar. Mehr noch als die Frauen bevorzugen die koreanischen Männer heutzutage westliche Kleidung, so daß die Hanbok nur noch vereinzelt im Straßenbild anzutreffen ist.

Die koreanische Familie

Die koreanische Familie ist durch konfuzianische Wertvorstellungen geprägt. Dem Familienvater kommt traditionell die Pflicht zu, sein Haus nach außen zu vertreten und den Lebensunterhalt der Familie zu besorgen. Innerhalb des Hauses ist die Mutter die dominierende Persönlichkeit; sie kümmert sich um den Haushalt, ist für die Erziehung der Kinder verantwortlich und verwaltet die Finanzen. Sie bildet den Mittelpunkt des häuslichen Lebens und besitzt damit eine heimliche Machtposition, die der des Mannes ebenbürtig ist. Traditionell gehört es auch zu den Aufgaben der Frau, einen Stammhalter zu gebären, um so den Fortbestand der Familie zu gewährleisten und den Lebensabend zu sichern. Denn es ist die konfuzianische Pflicht des erstgeborenen Sohnes, im Alter für seine Eltern zu sorgen. Wenngleich dies heutzutage nicht mehr ganz so wörtlich zu nehmen ist – in früheren Zeiten konnte die Ehefrau verstoßen werden, wenn sie keinen Sohn gebar –,

4 Hanbok: Die Nationaltracht der Koreaner

ist doch ein Sohn noch immer der Stolz der Familie. Für die Stellung der Frau in der Familie sind wenigstens drei der „fünf menschlichen Beziehungen" des Konfuzianismus maßgebend: Ehrfurcht der Kinder vor den Eltern, Gehorsam der Frau gegenüber dem Mann und Respekt der Jüngeren vor den Älteren. Damit definiert sich eine umfassende Gehorsamspflicht für die Frau: Als Tochter hat sie ihren Eltern Ehrfurcht entgegenzubringen, als Ehefrau ist sie ihrem Mann zum Gehorsam verpflichtet und als Schwiegertochter hat sie ihren Schwiegereltern Respekt zu erweisen. Diese umfassende Pflicht ist aber nicht als einseitige Befehls-Gehorsam-Relation definiert, sondern als gegenseitige, partnerschaftliche Verpflichtung: Dem Anspruch des Ehemannes auf Ehrfurcht und Gehorsam steht eine entsprechende Verpflichtung zur Erfüllung seiner Außenrolle gegenüber. So wird der konfuzianische Gentleman seinen Kindern Vorbild und seiner Ehefrau achtender Partner sein. Die Verpflichtungen des Ehemanns als Patriarch enden aber nicht bei der eigenen Familie, sondern schließen die in Korea meist weitläufige Verwandtschaft mit ein. Hat er beruflich eine hohe Position inne, so wird er versuchen, einen Teil seiner Mitarbeiter aus der Verwandtschaft zu rekrutieren; diese sind ihm dann zur absoluten Loyalität verpflichtet. Nepotismus gilt deshalb in Korea nicht als anrüchig, sondern vielmehr als konfuzianische Pflichterfüllung, und ist in Süd- wie Nordkorea gleichermaßen verbreitet.

Zwar ist es aufgrund der Pflicht des erstgeborenen Sohnes, für seine Eltern im Alter zu sorgen, auch heute noch in Korea alltäglich, daß drei Generationen unter einem Dach wohnen, aber das neue Selbstverständnis der Jugend und die hohen Mieten in den Großstädten verstärken den Trend zur Kleinfamilie. Während die Jugend in dieser Hinsicht sehr modern denkt, ist sie in punkto Ehe eher konservativ.

Denn noch heute zieht ein Großteil der Jugend die vermittelte Ehe einer „Liebesheirat" vor. Das hat seinen Grund einerseits darin, daß die Welle der sexuellen Freizügigkeit die Halbinsel weitgehend verschonte; andererseits kann in Korea der Familienname zum Ehehindernis werden. Denn bei nur

250 Familiennamen ist die Heirat zwischen Verwandten bis zum achten Grad gesetzlich sanktioniert. Allein rd. 22% der Südkoreaner heißen Kim und über 50% der Bevölkerung haben einen der vier häufigsten Nachnamen (Kim, Yi, Park, Choe). Zwar wird hinsichtlich des Heiratsverbots innerhalb eines Namens noch nach Klans unterschiedlicher Abstammung oder regionaler Herkunft differenziert, aber selbst bei insgesamt rd. 1000 Namensklans (davon allein 80 verschiedene Kims) stellt der Name bisweilen ein echtes Ehehindernis dar, zumal da das Heiratsverbot nicht nur für Verwandte bis zum achten Grad in gerader Linie, sondern auch in Seitenlinie gilt.

Herrscht bei den koreanischen Familiennamen Einfalt vor, so ist die Vielfalt der Vornamen um so größer: Denn der Vorname besteht in Korea meist aus zwei chinesischen Schriftzeichen und unterliegt lediglich der Einschränkung, daß eines der Zeichen für die Mitglieder einer Familiengeneration gleich sein sollte. Meist wählen die Eltern eine wohlklingende, bedeutungsvolle und Glück verheißende Zeichenkombination als Vornamen für ihren Sprößling, wie z.B. Chinju („Perle"), Mikyang („Duft der Schönheit") oder Sunam („der Langlebige").

Nachbarschaft: Geselligkeit, soziale Sicherung und Sparen

Traditionellerweise beschränkt sich das soziale Engagement nicht nur auf die eigene Familie und Verwandtschaft, die naturgemäß an erster Stelle steht, sondern bezieht auch die Nachbarn mit ein. Man tauscht die Neuigkeiten des Viertels oder des Dorfes untereinander aus, lädt sich zum Essen ein, hilft sich gegenseitig bei der Vorbereitung von familiären Feierlichkeiten und Festtagen und ist im Notfall füreinander da. Im Herbst, wenn sich vor den Häusern der Chinakohl für den Winter-Kimch'i türmt, kommen die Frauen der Nachbarschaft zusammen, um sich gegenseitig bei der Zubereitung des eingelegten Kohls zu helfen.

Ort der Begegnung mit den Nachbarn ist häufig der örtliche Markt, der Ssichang. Dort kauft die koreanische Hausfrau nicht nur die Zutaten für den Kimch'i, wie Paprika,

Knoblauch, Karotten, fermentierte Muscheln und Ingwer, sondern alle Güter des täglichen Gebrauchs. Benötigt sie etwas Ausgefalleneres, so fährt sie zu einem der größeren Märkte in der Stadt.

Der lokale Ssichang ist aber nicht nur Einkaufsstätte, sondern auch der Umschlagplatz für Neuigkeiten und Gerüchte. Man trifft sich dort mit Bekannten, hält ein Schwätzchen mit Leuten aus der Nachbarschaft, bekommt hilfreiche Einkaufstips und ist stolz, beim Feilschen um den Kaufpreis einer Ware dem Händler einen besonders hohen Nachlaß abgerungen zu haben. Die rasche Entwicklung Südkoreas ging aber an dieser Institution nicht spurlos vorüber. Wird die Nachbarschaft durch die Anonymität der Hochhaussiedlungen und den häufigen Wechsel der Mieter bedroht, so bekommt der Ssichang vermehrt die Konkurrenz „moderner" Supermärkte und Kaufhäuser zu spüren.

Häufig organisieren die Frauen in der Nachbarschaft eine altbewährte koreanische Institution – ein Kye. Das Kye ist eine Art zweckgebundene Unterstützungskasse, in die die Mitglieder monatlich einen bestimmten Betrag einzahlen. Ein Kye kann für die verschiedensten Zwecke organisiert werden: für die Ausrichtung von Hochzeiten oder Begräbnissen ebenso wie für die Erneuerung von Bewässerungsanlagen oder den genossenschaftlichen Ankauf von Vieh. Das Kye erfüllt aber nicht nur die Aufgabe einer Versicherung, einer Genossenschaft oder einer Sparkasse, sondern fördert gleichzeitig Gemeinschaftssinn und Geselligkeit. Denn häufig treffen sich die Mitglieder eines Kye anläßlich der monatlichen Beitragszahlung zu einer Versammlung oder unternehmen gemeinsam einen Ausflug.

Reis und Kimch'i: Die koreanische Küche

Die koreanische Küche steht hinsichtlich der Vielzahl der Gerichte und dem Raffinement ihrer Zubereitung der chinesischen oder französischen Kochkunst in nichts nach. So verwendet die koreanische Hausfrau viel Fleiß und Mühe darauf,

5 Ssichang – der koreanische Markt

die üblichen drei warmen Mahlzeiten pro Tag zuzubereiten. Angefangen mit dem Kimch'i, der stets die persönliche Handschrift der Hausfrau trägt und als ihre „Visitenkarte" gilt, über verschiedene Salate und Gemüse, Suppen, Fleisch- und Fischgerichte bis hin zum Ttŏg, dem traditionellen Reiskuchen, reicht die Palette der Gerichte, deren Zubereitung beherrscht sein will.

Während in der westlichen Küche jeder Gang eines Essens nur aus einem Gericht besteht, wird in der koreanischen Küche eine Vielzahl von unterschiedlichen Gerichten gleichzeitig serviert. So besteht ein festliches Dinner zumindest aus neun Chŏp (Hauptgerichten), u. a. aus einer Suppe, jeweils einem Fisch-, Fleisch- und Nudelgericht, verschiedenen gebratenen Gemüsen und rohem Fisch. Bei den Chŏp nicht mitgerechnet werden unterschiedliche Kimch'i, verschiedene Salate und Saucen. So bedeckt eine gepflegte Sonntagstafel den Tisch mit fünfzehn bis zwanzig Schälchen der unterschiedlichsten Speisen. Dazu wird als Grundnahrungsmittel der obligatorische Pap (Rundkornreis) gereicht. Koreanische Speisen sind in der Regel herzhaft gewürzt, wobei Paprika, Knoblauch, Sesam, Ingwer, Salz, Pfeffer, Glutamat und Soyasauce am häufigsten verwendet werden. Allerdings unterscheidet sich die Geschmacksphilosophie der Koreaner etwas von der der westlichen Küche: Für den Koreaner gilt ein Gericht dann als vollendet, wenn sich der natürliche Geschmack der verwendeten Grundmaterialien mit den vier Geschmacksrichtungen, die die menschliche Zunge wahrzunehmen imstande ist (süß, sauer, salzig, bitter), vereint.

Bei der geschilderten Vielfalt der koreanischen Küche bedeutet eine Einladung zu einem koreanischen Essen stets ein Festmahl, das nicht versäumt werden sollte. Hat man vor Betreten des Hauses die Schuhe abgelegt und als Dank für die Einladung ein kleines Gastgeschenk überreicht, so wird die Frau des Hauses traditionsgemäß zunächst ihrem Bedauern Ausdruck verleihen, daß sie nur ein so geringes Mahl anbieten kann und daß sie zu Ehren des Gastes noch mehr Speisen hätte zubereiten sollen. Und sie wird fortfahren, daß sie hoffe, mit dem Wenigen, was sie anbieten kann – meist ein Dutzend Chŏp –, den Gaumen des verehrten Gastes erfreuen zu können.

Nachdem die männlichen Familienmitglieder und Gäste auf Sitzkissen rund um den niedrigen Tisch mit gekreuzten Beinen Platz genommen haben – auch heute ist es durchaus noch üblich, daß die Frauen des Hauses nach den Männern essen –, kann das Mahl, beispielsweise mit Kuchŏlp'an, einem koreanischen hors d'œuvre, das in einer speziellen achteckigen Lackdose mit Einsatzschälchen serviert wird, beginnen. Das größte Schälchen in der Mitte der Dose ist mit einer Anzahl hauchdünner Pfannkuchen gefüllt. Hiervon nimmt man einen mit den Stäbchen, füllt ihn mit verschiedenen Gemüsen und Fleisch, die sich in den acht Schälchen um das mittlere befinden, rollt den Pfannkuchen zusammen und steckt ihn als Ganzes in den Mund.

Nach dem hors d'œuvre werden die Hauptgerichte gereicht. Neben einer Suppe wird die Hausfrau zu Ehren des Gastes mindestens ein Fleischgericht – etwa Pulkogi oder Kalbi, beides Gerichte, bei denen das Fleisch über einem kleinen Holzkohlenfeuer am Tisch gegrillt wird –, verschiedenen rohen und gebratenen Fisch, Schalentiere, Gemüse und Salate anbieten.

Während des Essens, bei dem der Genuß nicht durch exzessive Gespräche gestört werden sollte, werden die verschiedenen Gerichte immer wieder nachgereicht. Man sollte sich als Gast aber davor hüten, das letzte Stückchen aus einem Schälchen zu nehmen, da man nicht davon ausgehen kann, daß die Hausfrau noch alle Gerichte vorrätig hat, und man sie dadurch unnötig kompromittieren könnte.

In Korea gilt es als wenig vornehm und unhygienisch, mit den Stäbchen zu essen; sie dienen lediglich dazu, sich das Gewünschte aus den Schälchen zu picken, um es dann auf seinen Löffel zu geben, den man in das Reisschälchen legt. Zum Essen gibt man die Stäbchen auf den Tisch zurück, nimmt den Löffel, füllt ihn noch mit ein wenig Reis und führt ihn dann zum Mund. Nach jedem Bissen muß also der Löffel mit den Stäbchen vertauscht werden.

Das Essen nimmt in Korea einen hohen Stellenwert ein, was zum einen darauf zurückzuführen ist, daß die Zeiten des Hungerns noch nicht allzu lange zurückliegen und bei der älteren Generation noch lebhaft in Erinnerung sind. Zum anderen ist dies auch ein Ausdruck der koreanischen Tradition, wie das Sprichwort verdeutlicht: „Auch der großartigste Ausblick verblaßt, wenn der Tisch leer ist".

Tabang, Ch'achip, Sulchip: Ein Streifzug durch die koreanische Gastlichkeit

Die beschränkten Räumlichkeiten, in denen die meisten koreanischen Familien leben, lassen Privatheit nur in sehr beschränktem Maße zu. Als Ausgleich hierzu hat sich eine Institution gebildet, die man in Südkorea beinah an jeder Straßenecke findet: die Tabang oder Tasdil. In ihrer sozialen Funktion am ehesten mit einem Wiener Kaffeehaus vergleichbar, stellt die Tabang einen Treffpunkt für die verschiedensten Leute dar, angefangen vom jungen Liebespaar, das bei einer Tasse Kaffee die Zeit vergißt, über Angestellte aus einem nahen Büro, die ihre Mittagspause verbringen, Studenten, die in vertraulicher Atmosphäre politische Diskussionen führen oder die nächste Demonstration vorbereiten, bis hin zu Politikern, die das eine oder andere besprechen wollen, was nicht für die Öffentlichkeit bestimmt ist. Möchte man statt Kaffee lieber einmal Tee trinken, so frequentiert man nicht die Tabang, sondern eines der nicht minder zahlreichen Ch'achip, in denen neben dem wohlschmeckenden Ginsengtee (Insamch'a) verschiedenste Kräuter-, schwarze und grüne Tees angeboten werden.

Die Koreaner sprechen dem Alkohol mindestens genauso gerne zu wie ihre östlichen Nachbarn, die Japaner. Es ist üblich, nach der Arbeit eines der Sulchip (Bar) aufzusuchen und zusammen mit dem Kollegen die betriebliche Harmonie mit einigen Schalen Makkölli, frisch vergorenem Reiswein, oder einem Glas Soju, einem klaren Reisschnaps, zu fördern. Dabei ist es Sitte, in der Runde ein Glas kreisen zu lassen. Bei diesem Brauch reicht man seinem Nachbarn das Glas mit beiden Händen; dieser nimmt es, hält es zum Einschenken bereit und leert es sodann mit einem Zug, bevor er das Glas an seinen Nachbarn weitergibt.

Einige Verhaltensregeln für den Ausländer

Die konfuzianische Tradition des Landes macht sich auch heute noch in einer diffizilen und mannigfaltigen Hierarchie der koreanischen Gesellschaft bemerkbar. Abstufung und Rangordnung sind typisch für die Gesellschaft Südkoreas. Diese Ordnung zu erkennen und sie zu achten, ist die Kunst, die ein Ausländer in Korea erlernen muß. So richtet sich das Verhalten dem Nächsten gegenüber nach dem Verhältnis der eigenen Position zu der des anderen. Ein Grundprinzip des Verhaltens ist es, daß der Jüngere oder Rangniedrigere den Älteren oder Ranghöheren dadurch ehrt, daß er von sich aus seine Stellung erniedrigt und sich als unbedeutend darstellt. Da auch die Form des sprachlichen Ausdrucks durch diese Relation geprägt ist, versuchen Koreaner beim Kennenlernen zunächst diese Über- bzw. Unterordnung herzustellen.

Das Grundprinzip, durch eine devote Haltung dem anderen Respekt zu erweisen, spiegelt sich im täglichen Leben in mannigfaltiger Weise wider. So wird der Gastgeber eines Essens dem Ältesten oder Ranghöchsten den besten und sich selbst den schlechtesten Platz anweisen. Überreicht der Gast ein kleines Präsent, das wie alle Dinge in Korea grundsätzlich mit beiden Händen übergeben wird, so wird der Schenkende dieses als völlig unbedeutend hinstellen. Der Beschenkte wiederum wird, zumindest wenn er von mehreren Gästen Geschenke erhalten hat, diese nie im Beisein der Gäste öffnen, um sie, ob ihrer großen oder kleinen Gabe, nicht zu kompromittieren. Beim Annehmen von größeren Geschenken sollte man im übrigen in Korea zurückhaltend sein, da nach dem Grundsatz „do ut des" verfahren wird und man vielleicht den Erwartungen, die mit einem Geschenk verbunden werden, nicht genügen kann.

Um die erwähnte Rangordnung leichter herauszufinden, stellt man sich in Korea nicht selbst vor, sondern überläßt diese Aufgabe Freunden oder Bekannten. Bei diesem Ritual wird zuerst der Rangniedrigere dem Ranghöheren vorgestellt, wobei beide die Formel „Ch'ŏŭm Poepkessŭmnida" („ich treffe Sie zum ersten Mal") sprechen, sich verbeugen und ihre Visitenkarten überreichen.

Das Vorstellungsritual ist eine der wenigen Gelegenheiten, bei denen man beim Namen genannt wird. Denn der persönliche Name hat eine gewisse Aura, die zu verletzen ein Fauxpas wäre. Statt des Namens werden vielmehr Titel, wie z.B. Paksanim („Doktor") oder Sŏnsaengnim („Lehrer"), Bezeichnungen der beruflichen Position oder sonstige förmliche Anreden verwendet. Auch während einer Konversation oder Verhandlung sollte deshalb der Ausländer vermeiden, seinen Gesprächspartner mit Namen zu titulieren.

Sehr zurückhaltend sind Koreaner mit jeder Form physischen Kontakts. Bis vor wenigen Jahren war beispielsweise die freundschaftliche Umarmung eines Liebespaares in der Öffentlichkeit ebenso verpönt wie Kußszenen in Filmen. Auch das Händeschütteln ist eine erst in jüngerer Zeit von den Ausländern übernommene (Un-)Sitte. Bei Begrüßung oder Verabschiedung bevorzugen die Koreaner die Verbeugung, die auf drei verschiedene Arten ausgeführt wird: Als üblichen Gruß zu Bekannten macht man eine leichte Verbeugung; bei Respektspersonen grüßt man mit einer tiefen Verbeugung, wobei der Oberkörper zum Rumpf einen Winkel von neunzig Grad bildet. Bei beiden Arten werden die Hände seitlich am Körper angelegt und die Augen schauen zu Boden. Beim K'ŭnchŏl schließlich, einer zeremoniellen Verbeugung, läßt man sich auf die Knie nieder und beugt den Oberkörper so weit nach vorne, bis die Stirn die flach am Boden übereinanderliegenden Hände berührt. Mit dieser zeremoniellen Verbeugung erweisen beispielsweise die Kinder den Eltern an Neujahr Respekt.

Wichtigstes Gebot für den mit den koreanischen Gepflogenheiten nicht vertrauten Ausländer ist es, den „Kibun", das auf Respekt, Anerkennung und gegenseitige Achtung beruhende harmonische Einvernehmen, die Stimmung oder Seelenlage, nicht zu verletzen. Besondere Aufmerksamkeit sollte man dabei dem Kibun von Höherstehenden und Geschäftspartnern schenken, da dessen Verletzung nicht selten die Ursache für unerwartete und Ausländern rätselhaft erscheinende Schwierigkeiten ist.

Festtage und Bräuche

Zwar folgt Südkorea offiziell dem gregorianischen Kalender, aber auch heute noch richten sich wichtige Festtage und z. B. der persönliche Geburtstag nach dem Mondkalender.

Neujahr: 1. Januar. Ein gutes Beispiel, wie sehr der Mondkalender den Lebensablauf in Südkorea prägt, ist das Neujahrsfest: Obwohl die ersten drei Tage des neuen Jahres nach dem gregorianischen Kalender offiziell Feiertage sind, feiern die meisten Koreaner Neujahr erst zwischen Ende Januar und Mitte Februar – nach dem Mondkalender. Am Neujahrsfest, an dem man traditionellerweise Hanbok trägt, werden die Familienbande erneuert. Die jüngere Generation verbeugt sich vor der älteren mit einem Kǔnchŏl. Die gleiche Ehre wird den Vorfahren zuteil, für die ein kleiner Altar mit Ahnentafeln und verschiedenen Speisen bereitet wird und die so in das diesseitige Leben miteinbezogen werden.

Unabhängigkeitstag: 1. März. In Gedenken an die Unabhängigkeitsbewegung vom 1. März 1919, die sich gegen die japanische Besatzungsmacht richtete und von dieser blutig niedergeschlagen wurde, wird der 1. März als Feiertag begangen.

Tag des Baumes: 5. April. Am 5. April, dem Tag des Baumes, der Teil einer Kampagne zur Wiederaufforstung des Landes ist, werden in ganz Südkorea neue Bäume und Sträucher gepflanzt.

Buddhas Geburtstag: 8. Tag des 4. Mondmonats. Buddhas Geburtstag oder das Laternenfest ist neben Chusŏk (Erntedankfest) der einzige offizielle Feiertag, der sich nach dem Mondkalender richtet. An diesem Tag finden in den buddhistischen Tempeln des Landes Feierlichkeiten zu Ehren Buddhas statt. Der Hof der Tempelanlagen wird dabei mit zahllosen Laternen erleuchtet, die mit buddhistischen Symbolen und chinesischen Schriftzeichen für „Glück", „Friede" oder „langes Leben" verziert sind.

Kindertag: 5. Mai. Am Kindertag machen viele Eltern mit ihren fein herausgeputzten Sprößlingen einen Ausflug in einen der Kinderparks. Mit dem Kindertag soll die Institution der Familie, der in einer konfuzianisch geprägten Gesellschaft überragende Bedeutung für das gesellschaftliche Miteinander zukommt, gestärkt werden.

Tano-Tag: 5. Tag des 5. Mondmonats. Obwohl dieser Tag kein offizieller Feiertag ist, gehört Tano neben Neujahr und Chusŏk zu den wichtigsten Festtagen in Südkorea. An Tano wird zu Ehren der Vorfahren ein kleiner Altar errichtet, auf dem jahreszeitliche Speisen dargereicht werden. Tano heißt im Volksmund auch „Schaukeltag", da sich in Hanbok gekleidete Mädchen und Frauen an diesem Tag nach altem Brauch im Schaukeln messen. Die Schaukeln werden hierfür mit langen Seilen an hohen Bäumen festgemacht, so daß dieser Sport schon einen gewissen Mut erfordert. Das Flattern der bunten Hanbok im Schwung der schaukelnden Mädchen ergibt ein malerisches Bild.

Gedenktag für die Kriegsopfer: 6. Juni. Am 6. Juni gedenkt Südkorea mit Gottesdiensten der Kriegsopfer.

Verfassungstag: 17. Juli. Mit dem Verfassungstag soll das Gedächtnis an die Proklamation der ersten südkoreanischen Verfassung am 17. Juli 1948 wachgehalten werden. Zum Gedenken an diesen Tag, mit dem auch die Hoffnung auf ein vereintes Korea schwand, werden im ganzen Land Feierlichkeiten veranstaltet.

Befreiungstag: 15. August. Am 15. August 1945 endete die 36jährige Herrschaft Japans über Korea. Dieser Tag, an dem sowohl der Befreiung von der japanischen Okkupation als auch der formalen Proklamation der Republik Korea im Jahr 1948 gedacht wird, wird mit Militärparaden begangen. Die Häuser des Landes werden mit der südkoreanischen Fahne geschmückt.

Chusŏk (Erntedankfest): 15. Tag des 8. Mondmonats. An Chusŏk besuchen die Koreaner, traditionell in Hanbok gekleidet, die Grabstätten der Vorfahren und ehren sie, indem sie ihnen auf einem kleinen Altar frisch geerntete Früchte, Gemüse und Reis sowie allerlei Speisen darreichen. Da die meisten Vorfahren der Koreaner vom Land kommen, setzt an diesem Tag eine wahre Völkerwanderung städtischer Koreaner ein, die die Grabstätten ihrer Vorfahren auf dem Land besuchen wollen. Ist schon Wochen vor Chusŏk keine Fahrkarte mehr für eine Fahrt aufs Land zu erhalten, so gleichen die Busterminals und Bahnhöfe an Chusŏk wahren Ameisenhaufen. Auf dem Land werden an diesem Tag zahlreiche Kultur- und Sportveranstaltungen wie Maskentanz, Tauziehen oder Ssirŭm, ein koreanischer Ringkampf, abgehalten.

Tag der Streitkräfte: 1. Oktober. Der Tag der Streitkräfte, ein offizieller Feiertag, wird mit Militärparaden, Flugvorführungen und anderen militärischen Veranstaltungen begangen.

Gründungstag: 3. Oktober. An diesem Feiertag wird Tangun, dem legendären Gründer von Chosŏn im Jahre 2333 v. Chr., gedacht.

Hangŭltag: 9. Oktober. Der 9. Oktober wurde im Gedenken an die von König Sejong veranlaßte Erfindung einer eigenen koreanischen Schrift, dem Hangŭl-Alphabet, und zur Bewahrung des nationalen Erbes zum Feiertag erhoben.

Weihnachten: 25. Dezember. Aufgrund der wachsenden Bedeutung des Christentums in Südkorea ist auch Weihnachten ein offizieller Feiertag.

Neben diesen allgemeinen gibt es noch zwei persönliche Festtage, die im Leben des Koreaners von besonderer Bedeutung sind: Der erste und der sechzigste Geburtstag. Der erste Geburtstag (Tollal) wird deshalb besonders gefeiert, weil man bei der hohen Kindersterblichkeit, die früher in Korea herrschte, davon ausgehen konnte, daß ein Kind mit der Vollendung des ersten Lebensjahres das Schlimmste überstanden hatte. Der sechzigste Geburtstag (Hwan'gap) wiederum gilt als Höhepunkt im Leben eines Koreaners. Da nach der traditionellen ostasiatischen Zeitrechnung ein Zyklus sechzig Jahre dauert, wird mit diesem Tag der erste Lebenszyklus beendet und der zweite begonnen. Die Hwan'gap-Feierlichkeiten markieren für gewöhnlich auch den Abschluß des aktiven Lebens. Von nun an lassen es die Eltern etwas ruhiger angehen, können sie doch erwarten, daß nun ihr erstgeborener Sohn für sie sorgt. Die Hausfrau übergibt mit Erreichen des sechzigsten Geburtstags die Haushaltsführung an ihre Schwiegertochter ab.

Volkskunst und Kunsthandwerk

Tanz und Musik

Trommeln schlagen, der Gong erklingt, Tänzer wirbeln in ihren farbenfrohen Kostümen, die Zuschauer lachen, applaudieren und sprechen eifrig dem Makkŏlli zu. Das ist die Szene eines Bauerntanzes in Korea, der die Lebensfreude der ländlichen Bevölkerung ausdrückt. Der Bauerntanz, der so alt ist wie die Geschichte der Halbinsel, vereint viele schamanistische Elemente in sich und diente ursprünglich zur Vertreibung böser Geister und zur Wohlstimmung der guten. Er wird von einzelnen Tänzern oder Tanzgruppen, die von Dorf zu Dorf ziehen, vorgeführt, wobei der Tänzer den Rhythmus durch Schläge mit der Hand oder einem Bambusstock auf die um den Körper gebundene Changgu, eine eieruhrförmige Trommel mit beidseitiger Fellbespannung, erzeugt. Der improvisierte Rhythmus unterstreicht die Schritte der Tänzer, deren Tempo sich steigert und schließlich die Tänzer in eine ekstatische Stimmung versetzt.

Neben den Bauerntänzen zählt auch der Maskentanz, der sich während der Yi-Dynastie vom Hofdrama zum Schauspiel der Massen entwickelte, zu den Volkstänzen. Er thematisiert seit dieser Zeit mit beißender Satire die Ausschweifungen buddhistischer Priester und der führenden konfuzianischen Klasse. Einer gewissen Deftigkeit nicht entbehrend, erfreuen sich die Massen an dem auch heute noch häufig thematisierten Dreiecksverhältnis eines Yangban (Aristokraten), seiner Konkubine und seiner hysterisch eifersüchtigen Frau. Neben den Volkstänzen gibt es den klassischen Tanz, der am Königshof aufgeführt wurde. Diese stilisierten rituellen Tänze, die sich aus alten chinesischen Tänzen entwickelten und von Gruppen aufgeführt werden, sind durch langsame Bewegungen und durch einen hohen Formalismus gekennzeichnet.

Wie der Tanz, so hat auch die Musik in Korea eine lange Tradition. Chinesische Quellen der Frühgeschichte Koreas berichten über die koreanische Vorliebe für Feste, Tanz und Musik. Und auch heute geht kaum ein Fest vorüber, ohne daß nicht jeder der Gäste aufgefordert würde, ein Lied zum besten zu geben.

Die traditionelle koreanische Musik läßt sich in die getragene Ritual- und Zeremonialmusik und die ausdrucksstarke und vitale Volksmusik unterteilen. Spezielle Arten der Volksmusik sind P'ansori, ein rezitativer Gesang, bei dem die begleitende Trommel die tragikomischen Gesten und die vokale Akrobatik der Sängerin unterstreicht, und Sanjo, ein improvisiertes Zusammenspiel von Flöte oder koreanischer Zither mit Changgu. Neben der Changgu gehören u. a. Kayagŭm, eine zwölfsaitige Wölbbrettzither, Kŏmungo, eine sechssaitige Zither mit beweglichen Stegen, P'iri (Oboe), Tanso (Bambusquerflöte) und Haegŭm, eine zweisaitige Geige, zu den traditionellen koreanischen Musikinstrumenten.

Malerei

Die Volksmalerei in Korea hat ihren Ursprung im traditionellen Jahresablauf mit seinen verschiedenen Festen, für die es spezielle Kalligraphien oder sonstige Malereien anzufertigen galt. So war es beispielsweise üblich, daß jede Familie, unabhängig von ihrem Status, für das Neujahrfest einen neuen Wandschirm mit den Symbolen für „Glück" und „Langes Leben" bemalte. Zur Feier des Frühlingsanfangs wurden Rollbilder mit Kalligraphien gefertigt. Oftmals lud dabei eine wohlhabende Familie im Ort einen bekannten Künstler zu sich ein, der ihnen selbst und der weniger begüterten Nachbarschaft neue Kalligraphien malen sollte. Für Buddhas Geburtstag fertigt man prächtig bemalte und beschriebene Laternen, die den Hof der buddhistischen Tempel schmücken und ein Symbol für die Erleuchtung Buddhas darstellen. Für den Tano-Tag schließlich wurden Fächer mit den zwölftausend Gipfeln des Kŭmgang-Gebirges, einem Symbol für langes Leben und Glück, bemalt. Die Volksmalerei spielt nicht nur bei diesen Festtagen, sondern auch bei Hochzeiten, Begräbnissen und vielen weiteren Zeremonien eine wichtige Rolle.

Keramik

Obwohl der kulturelle Einfluß Chinas auch in der koreanischen Keramik seinen Niederschlag fand, entwickelte sich auf der Halbinsel mit der Zeit doch eine eigenständige Keramikkunst. Während des ersten nachchristlichen Jahrtausends beherrschte die Silla-Keramik die Szene. Diese Keramik, die in zahlreichen Gräbern der damaligen Hauptstadt Kyŏngju gefunden wurde, wurde bei hohen Temperaturen gebrannt, was ihr eine dunkelgraue bis schwarze Farbe verlieh. Gelegentlich resultierten aus dem Oxidationsprozeß beim Brennen auch Brauntöne. Das Dekor der Silla-Keramik ist relativ einfach, bisweilen auch mit schamanistischen Symbolen verziert. Die aus spontaner Kreativität heraus geschaffenen freien Formen wichen mit Einführung des Buddhismus als Staatsreligion (Ende des 6. Jh.) ruhigeren und stilistisch strengeren Formen. Mit Beginn der Koryŏ-Dynastie, in der der Kulturaustausch mit China einen Höhepunkt erlebte, erhielt auch die Entwicklung der Keramik durch die Yueh-Töpfer, deren grünlichblaue oder olivfarbenen Glasuren hinsichtlich ihrer Schönheit epochemachend waren und bisweilen sogar mit dem Jadestein, dem Symbol für Unsterblichkeit, verglichen wurden, einen neuen Anstoß. Das chinesische Seladon der Yueh-Töpfer war denn auch Vorbild für das koreanische Seladon mit seiner grau-grünen Farbschattierung. Da die Glasur beim koreanischen Seladon dünner ist als beim chinesischen Vorbild, verstärkt die durchscheinende natürliche Tonfarbe das Grau in der Glasur. Die Blütezeit des koreanischen Seladons reichte von Mitte des 12. bis Anfang des 14. Jh., in der es sich mehr und mehr vom chinesischen Einfluß löste. Neben einer schwungvolleren Form ist hierfür vor allem die Entwicklung der Einlegetechnik bezeichnend. Besonders die frühen Stücke der mittels dieser neuen Technik dekorierten Seladone sind von hoher Vollendung und bezaubernder Schönheit. Anfang des 14. Jh. waren die Künstler dann so besessen von der Einlegetechnik, daß das ursprünglich schlichte Seladon mit barockem Dekor verunziert wurde. Das Ende der Blütezeit des koreanischen Seladons kam mit den Mongoleneinfällen, die nicht nur das politische, sondern auch das kulturelle Leben zum Darniederliegen brachten. Zwar entstand zu Beginn der Yi-Dynastie wieder eine Töpferkultur, die jedoch nie mehr an die vollendete Schönheit und die Eleganz eines Koryŏ-Seladons anschließen konnte. Die Keramik der Yi-Dynastie, die einfache, schwere Formen bevorzugte, erscheint bisweilen grobschlächtig und rauh. Aber gerade diese Formen wurden von den Teezeremonienmeistern in Japan besonders geschätzt, weshalb während der Hideyoshi-Invasion ganze Dörfer koreanischer Töpfer nach Japan verschleppt wurden. Diese waren sozusagen der „Grundstock" für eine eigene japanische Keramikindustrie. Noch heute können viele Töpfer auf der Insel Kyūshū auf koreanische Vorfahren verweisen.

VII. Sport: Olympisches und Nicht-Olympisches

Der Auftakt war zugleich der Beginn der Generalprobe. Als am 20. September 1986 im Olympiastadion von Seoul vor hunderttausend Zuschauern – darunter Staatspräsident Chŏn Duhwan und der japanische Ministerpräsident Nakasone – eine farbenprächtige Show die 10. Asiatischen Spiele eröffnete, da dürften die Gedanken so mancher Besucher im Stadion schon zum Herbst 1988 vorausgeeilt sein: Im selben Stadion werden dann die 24. Olympischen Sommerspiele von Seoul beginnen.

Die Olympiade für Seoul: Eine riskante Entscheidung

Seit das Internationale Olympische Komitee in Baden-Baden im September 1981 Seoul den Zuschlag für die 24. Olympischen Sommerspiele erteilte – die Olympier hatten sich mit 52 zu 27 Stimmen recht klar für Seoul und gegen den japanischen Konkurrenten Nagoya ausgesprochen –, sind die Koreaner vom Olympiafieber befallen. Der Zuschlag für Seoul schmeichelte dem koreanischen Nationalstolz, er war eine Bestätigung der wachsenden Bedeutung Südkoreas im Konzert der Nationen und zugleich ein Vertrauensbeweis für die organisatorischen Fähigkeiten des Landes. Die Entscheidung des IOC war nicht ohne Risiken – vertraute man die Sommerspiele 1988 damit doch der Hauptstadt eines geteilten Landes an, einer Stadt, die nur wenige Kilometer von der umkämpftesten und militärisch hochgerüstetsten Demarkationslinie zwischen Ost und West entfernt liegt. Wie würde der Osten, wie würde Nordkorea auf die Vergabe der Spiele an Seoul reagieren? Würden sie nicht versuchen, die Spiele zu boykottieren oder gar zu sabotieren? Auch die innenpolitische Situation in Südkorea war nicht ohne Spannungen, und die Olympischen

Sommerspiele in Mexiko City mit ihren blutig unterdrückten Demonstrationen und Unruhen hatten gezeigt, wie leicht innenpolitische Konflikte in einer solchen Situation eskalieren können. Hinzu kam, daß die Geschichte der jüngsten Olympiaden von politischen Ereignissen überschattet war: Die Spiele in Moskau wurden – als Antwort auf den sowjetischen Einmarsch in Afghanistan – von vielen westlichen Nationen boykottiert, die Sommerspiele in Los Angeles 1984 – gewissermaßen als Retourkutsche und als Antwort auf die amerikanische Invasion in Grenada – von 15 sozialistischen Staaten. Südkorea unterhält diplomatische Beziehungen weder zu Moskau noch zu Peking: Waren da nicht ein weiteres Mal „Rumpfspiele" zu befürchten?

Fünf Jahre später waren manche dieser Sorgen abgeklungen, andere freilich noch nicht ausgeräumt. Die Volksrepublik China kam nicht nur zu den Asiatischen Spielen, sie stellte sogar eine der größten Delegationen – und brachte damit auch die Sowjetunion zunehmend in Zugzwang, sich an der Olympiade in Seoul zu beteiligen. Die Politisierung der Olympischen Spiele war nach dem erfolgreichen Verlauf der Spiele in Los Angeles abgeklungen: Der Boykott als Instrument der Politik hatte sich als kontraproduktiv erwiesen. Obwohl Nordkorea den Asiatischen Spielen fernblieb, wurden mit etwa 5000 Athleten aus 27 Ländern und mit 25 Sportarten, darunter zum ersten Mal der koreanische Kampfsport *t'aekwŏndo*, die Spiele in Seoul die bislang größten. Die Organisationstalente Südkoreas hatten sich bewährt: Die Sportanlagen waren pünktlich, zum Teil sogar vorzeitig fertiggestellt, und Seoul konnte seine Qualitäten als Austragungsort großer Sportveranstaltungen eindrucksvoll dokumentieren.

Völlig verscheuchen ließen sich die politischen Schatten freilich nicht: Nur wenige Tage vor dem Beginn der Asiatischen Spiele erinnerte ein Bombenanschlag auf dem internationalen Flughafen von Seoul mit fünf Toten und 31 Verletzten an die enormen Sicherheitsprobleme, die die Olympischen Spiele aufwerfen würden. Ob hinter dem Attentat Nordkorea steckte oder radikale südkoreanische Oppositionsgruppen, ließ sich zunächst nicht feststellen; in jedem Falle sorgte der Anschlag dafür, daß die Asiatischen Spiele hinter einem massiven Sicherheitskordon abgehalten werden mußten. Bemerkenswert war auch die Präsenz von 13 Schiffen der 7. US-Flotte in südkoreanischen Häfen zum Zeitpunkt der Eröffnung der Asiatischen Spiele. Routinebesuch, hieß es dazu aus Washington, doch man konnte dies auch als vorbeugende Warnung an Nordkorea interpretieren.

Die Spiele der kurzen Wege

Seoul hatte das IOC nicht zuletzt damit zu beeindrucken vermocht, daß die Olympischen Anlagen teilweise bereits bestanden oder im Bau waren und sich in zwei großen Komplexen verkehrsgünstig zusammenfassen ließen. Das versprach Spiele der kurzen Entfernungen und der begrenzten Kosten und Risiken. Tatsächlich lassen sich fast alle Wettkampfstätten der 24. Sommerspiele sowohl vom Zentrum Seouls wie auch vom Flugplatz in wenigen Minuten erreichen. Das eine Sportzentrum, der *Seoul Sports Complex,* umfaßt, mit dem Olympiastadion sowie Hallen für die Wasserball-, Basketball- und Boxwettbewerbe, eine Fläche von über einem halben Quadratkilometer. Es liegt nur wenige Kilometer von der Innenstadt entfernt am Ufer des Flusses Han und ist über U-Bahn-Verbindungen mit einer Kapazität von 180 000 Personen pro Stunde bequem zu erreichen. Nur vier Kilometer flußaufwärts liegt der Olympische Park mit einer Fläche von beinahe drei Quadratkilometern; hier befinden sich das Radsportstadion, die Tennisplätze sowie die Anlagen für Fechten, Gewichtheben, Turnen und Schwimmen. Lediglich das Schwimmstadion war zu Beginn der Asiatischen Spiele noch nicht fertiggestellt. Im Olympiapark sollen auch etwa 20 000 Sportler, Betreuer und Journalisten in den rund 3700 Wohnungen des Olympischen Dorfs und des Pressedorfs wohnen. Insgesamt rechnen die Koreaner mit rund 13 000 Athleten und Betreuern, etwa 9000 Journalisten, rund 7000 Funktionären und Delegierten sowie etwa 270 000 Touristen – die sollen übrigens außer in den zahlreichen Luxushotels der Stadt auch in koreanischen Familien untergebracht werden.

Perfekte Planung, politische Komplikationen

Mit generalstabsmäßiger Präzision und unter dem bezeichnenden Motto „Immer vorwärts" begann Südkorea nach dem Zuschlag des IOC mit den Vorbereitungen. Schon einen Monat nach der Entscheidung wurde das Seoul Olympische Organisationskomitee (SLOOC) gegründet. Seine 51 Mitglieder kommen aus allen Bereichen des südkoreanischen Establishments – aus Wirtschaft, Sport, Politik, Medien. Ende 1985 hatte das SLOOC 677 Mitarbeiter; zu Beginn der Spiele wird sich diese Zahl auf 1000 erhöht haben. Dazu kommen dann noch 80 000 freiwillige Helfer. Die Vorbereitung der Spiele wurde nach einem ausgeklügelten Gesamtkonzept abgewickelt. Phase eins diente der Planung und Vorbereitung. Am 1. Januar 1984 begann dann Phase zwei: Die Projektrealisierung. Sie endete im September 1986 mit den 10. Asiatischen Spielen – der Generalprobe für die beiden entscheidenden Wochen vom 17. September bis zum 2. Oktober 1988. Phase drei, die eigentliche Vorbereitungsphase, begann mit der Durchführung und Auswertung der Asiatischen Spiele: Was war noch zu verbessern, wo mußten die Vorbereitungen intensiviert werden? In dieser Phase wurden auch die restlichen Anlagen – etwa die 3700 Apartments des Olympischen Dorfs und des Pressedorfs – fristgerecht fertiggestellt. Der Vorhang zur Phase vier schließlich öffnet sich am 17. September 1988: Die Spiele – und mit ihnen ein umfangreiches kulturelles Rahmenprogramm, in dem sich Korea der Welt präsentieren möchte – können beginnen. Ihr Motto: „Harmonie und Fortschritt". Ihr Symbol: drei ineinanderliegende Spiralen über den fünf olympischen Ringen. Die Spiralen (sie basieren auf einem in der traditionellen koreanischen Architektur häufig verwendeten Motiv, dem *sam t'aegŭk*) symbolisieren die Harmonie zwischen Himmel, Erde und Mensch. Das Zentrum der drei Spiralen versinnbildlicht das Zusammenströmen der

Besucher aus allen Ländern in Seoul, ihre Öffnung nach außen und oben den Fortschritt in Richtung auf Frieden und Harmonie durch die olympischen Ideale. Und auch ein Maskottchen gibt es natürlich: *Hodori*, den jungen koreanischen Tiger mit den olympischen Ringen an einem Halsband und dem *sangmo*, dem traditionellen Hut der koreanischen Bauern.

Die 23. Olympischen Spiele in Los Angeles waren nicht nur erfolgreich, sie bescherten den Organisatoren auch unerwartet reiche Gewinne. Auch das Organisationskomitee von Seoul sieht sich trotz eines erheblichen Zuschusses der Regierung als privater Träger der Spiele und versucht deshalb, die Kosten durch Privatinvestitionen (etwa beim Bau der olympischen Dörfer), die Beteiligung von Firmen als Sponsoren, durch Lotterien und Gedenkmünzen, vor allem jedoch durch den Verkauf der Fernsehrechte aufzubringen. Das wird nicht ganz leicht sein: Die Gesamtkosten der Spiele schätzt man auf $ 1,6 Mrd. Dazu kommt noch einmal fast genausoviel für Projekte, die indirekt ebenfalls der Olympiade zugerechnet werden müssen, wie z. B. die olympische Schnellstraße entlang des Flusses Han.

Während die technisch-organisatorische Vorbereitung der Spiele wie vom Schnürchen abgespult wurde, produzierte die Politik immer neue, unvorhergesehene Wendungen. Die erste große Überraschung kam aus Nordkorea: P'yŏngyang verlangte eine 50%ige Beteiligung an den Spielen – ohne Rücksicht auf die Tatsache, daß die Olympischen Sommerspiele stets nur an Städte vergeben werden. Das IOC war zunächst perplex und verärgert, schließlich aber bereit, sich in Seoul für die Ausrichtung einiger Wettkämpfe in Nordkorea einzusetzen. Seoul akzeptierte, wenn auch nur zögernd. Damit begann ein Poker um die Zahl der Veranstaltungen, die Nordkorea bekommen sollte, und dabei waren sich die westlichen Verhandlungsparteien nie ganz sicher, ob P'yŏngyang nicht einfach bluffte: Niemand konnte sich angesichts der hermetischen Abriegelung der nordkoreanischen Bevölkerung durch ihre (vorsichtig ausgedrückt) „eigenwillige" Führung vorstellen, wie Nordkorea plötzlich mit einem Ansturm von Athleten, Journalisten und Touristen fertig werden wollte. Die Absichten Nordkoreas blieben unklar: Wollte es die Vorbereitungen durch seine Forderungen durcheinander bringen, oder wollte es am Ruhm und Prestige der Olympischen Spiele partizipieren? So schleppten sich die Verhandlungen hin. In Seoul beschlossen die Organisatoren schließlich, für alle Fälle zweigleisig zu fahren: Sollten sich die Pläne, einige Wettbewerbe in Nordkorea abzuhalten, zerschlagen, so würde Seoul auch noch in letzter Minute alternative Austragungsstätten organisieren können.

Auch die Innenpolitik sorgte immer wieder für politische Fragezeichen hinter den Spielen. Während die Vorbereitungen in ihre heiße Phase eintraten, verschärften sich die inneren Auseinandersetzungen zwischen der Regierung und der Opposition. Ein Teil der Opposition, insbesondere die radikalen Studentengruppen, machten gegen die Spiele Front, die sie als Aufwertung des Militärregimes von Staatschef Chŏn sahen, während die überwiegende Mehrheit der Opposition die Spiele zwar begrüßte, sie jedoch zugleich als Hebel benützte, um Chŏn zu politischen Konzessionen zu zwingen. So wurden auch die Spiele in die innenpolitischen Auseinandersetzungen mit hineingezogen.

Politik und Olympische Spiele in der Vergangenheit

Es war dies freilich nicht das erste Mal, daß die olympischen Ideale in die Mühlen der Politik gerieten. Die Geschichte des Sports in Korea liefert dafür ein bemerkenswertes Beispiel: den Triumph der koreanischen Marathonläufer bei den Spielen 1936 in Berlin. Diese Spiele standen ja ohnehin unter politischen Vorzeichen: Sie sollten Hitlers Deutschland weltweite Anerkennung verschaffen. Sŏn Kichung und Nam Sung-yŏng, die beiden koreanischen Marathon-Asse, schafften in diesem Wettbewerb den ersten und dritten Platz – ein dramatischer Erfolg, der freilich nicht Korea, sondern Japan zugute kam: Die beiden Athleten waren mit japanischen Namen und unter japanischer Flagge an den Start gegangen. Die Koreaner freilich ließen sich nicht ausmanövrieren. Die beiden Athleten betonten immer wieder ihre koreanische Nationalität, und die *Dong A-Ilbo,* Koreas größte Tageszeitung, zeigte ein Photo des Marathonsiegers, bei dem die aufgehende Sonne auf seinem Trikot in die koreanische Fahne geändert worden war. Die japanische Reaktion war bezeichnend: Die Zeitung wurde geschlossen, elf Journalisten verschwanden im Gefängnis.

Koreanische Sporttraditionen

Koreas Sporttraditionen werden auch heute noch intensiv gepflegt; es ist sicher kein Zufall, daß Südkoreas Medaillenausbeute in Los Angeles nicht zuletzt in den Wettbewerben für Ringen, Judo und Bogenschießen erzielt wurden. *Ssirŭm,* wie die koreanische Form des Ringkampfes genannt wird, hat eine 1600 Jahre zurückreichende Geschichte und war während der Koryŏ- und Yi-Dynastien der populärste Männersport. Auch das Bogenschießen praktizierten die Koreaner schon in grauer Vorzeit. Die hierzulande bekannteste unter den traditionellen koreanischen Sportarten ist allerdings wohl der Kampfsport *T'aekwŏndo,* der sich zunehmender Popularität erfreut.

Das *T'aekwŏndo* wird bei den Sommerspielen 1988 freilich nur als Demonstrationssport zugelassen sein. In mancher Hinsicht ist *T'aekwŏndo* ein junger Sport – der Begriff wurde erst 1955 geprägt und bedeutet: „Der Weg des Tretens und Schlagens". Seine Anfänge jedoch reichen etwa 2000 Jahre zurück. Seine volle Blüte erreichte der koreanische Kampfsport in der zweiten Hälfte des ersten Jahrtausends unserer Zeitrechnung im Vereinigten Königreich Silla. Dieses Königreich stützte sich auf eine adelige Kriegerkaste, die *warang.* Die Angehörigen dieser Kaste bildeten sich nicht nur im Schwertkampf aus, sondern entwickelten auch tödliche Techniken für den Nahkampf ohne Waffe. Die Ausbildung zum Kämpfer ging dabei – ähnlich wie bei den japanischen Samurais – Hand in Hand mit dem Studium von Musik, Literatur und Kunst und einem ausgeprägten Ethos der Ritterlichkeit. Unter der konfuzianisch orientierten Yi-Dynastie verlor diese buddhistisch geprägte Kriegerkaste an sozialem Prestige und an Bedeutung; die japanischen Kolonialherren schließlich verboten die traditionellen koreanischen Kampfsportarten völlig. Ihre Elemente mußten nach dem Zweiten Weltkrieg rekonstruiert und neu belebt werden. Aus diesen Bemühungen entstand schließlich *T'aekwŏndo,* eine Kampfsportart, die die natürlichen Waffen des Körpers dazu benutzt, den Gegner zu blockieren und kampfunfähig zu machen. Aufbauend auf diesen Techniken entwickelten sich inzwischen zahlreiche verschiedene Schulen und Richtungen des *T'aekwŏndo,* die oft auch die ethisch-spirituelle Seite der alten Kampfart neu zu beleben suchen. *T'aekwŏndo* ist daher für viele seiner Anhänger ebensosehr Kunst und Lebensphilosophie wie Sport.

VIII. Das andere Korea: Politische, wirtschaftliche und soziale Entwicklung der Demokratischen Volksrepublik Korea seit 1953

Es gibt wohl kaum ein Land auf der Welt, über das im Westen so wenig bekannt ist, wie die Demokratische Volksrepublik Korea. Dies mag zum einen daran liegen, daß sich das Land nach dem Koreakrieg weitgehend abschirmte und eine auf Autarkie ausgerichtete Politik verfolgte, zum anderen daran, daß die wenigen westlichen Journalisten, Wissenschaftler und Sportler, die in den vergangenen Jahren Gelegenheit zum Besuch Nordkoreas hatten, sich aufgrund der eingeschränkten Bewegungsfreiheit kaum ein realistisches Bild von der Volksrepublik machen konnten. Es ist deshalb auch nicht verwunderlich, daß die wenigen Publikationen über Nordkorea bisweilen fehlende Informationen durch großzügige Interpretation ersetzen.

1. Kim Ilsŏng – Mythos oder Trauma?

Für Außenstehende bildet der Personenkult um den Präsidenten der Demokratischen Volksrepublik Korea wohl das bizarrste Phänomen des nordkoreanischen Kommunismus. Gegenstand dieses Kults sind der „geliebte Führer und legendäre Held" Kim Ilsŏng, seine nächsten Angehörigen und seine Taten. Die Mystifizierung der Person geht dabei soweit, daß zu seinen Ehren nicht nur Statuen, Monumente und Museen errichtet werden, sondern daß jeder Gegenstand, den die „Sonne des koreanischen Volkes" jemals berührt hat, als Heiligtum betrachtet wird.

Wer ist diese so glorifizierte und verehrte Persönlichkeit? Zwar geben hierzu mehrere offizielle Biographien Auskunft, denen aber allen der Makel einer „hagiographischen Geschichtsschreibung" gemein ist: Kim Ilsŏng erscheint da zumeist als ein Wesen mit überirdischen Fähigkeiten und Verdiensten. So besteht über einige wichtige Abschnitte in der Biographie Kims nach wie vor Unklarheit.

Kim Ilsŏng (Geburtsname: Kim Sŏngju) wurde am 15. April 1912 als erster von drei Söhnen des Ehepaars Kim Hyŏngjik und Kang Pansŏk in Mangyŏngdae, einem Vorort von P'yŏngyang, geboren. Nach offiziellen nordkoreanischen Quellen gründete sein Vater Kim Hyŏngsik im März 1917 die „Koreanische Nationalvereinigung", die größte antijapanische Widerstandsbewegung jener Zeit. Dies könnte der Grund dafür gewesen sein, weshalb die Familie 1918 in die Mandschurei übersiedelte, wo Kim Ilsŏng die Grundschule besuchte. Im Jahr 1926 trat Kim in eine chinesische Mittelschule über, die er vermutlich auch abschloß. Nach den zum Teil widersprüchlichen offiziellen Biographien soll Kim als 14jähriger eine revolutionäre Jugendorganisation gegründet haben. Eindeutig fest steht hingegen, daß Kim im Mai 1929 auf der Gründungsversammlung einer kommunistischen Jugendvereinigung von der japanischen Polizei festgenommen wurde und siebeneinhalb Monate im Gefängnis verbrachte. Anfang der dreißiger Jahre trat er der chinesischen Kommunistischen Partei bei und engagierte sich mit Gründung der „Antijapanischen Volksguerillaarmee" zunehmend im Widerstand gegen die japanischen Besatzer. Im Jahr 1936 schloß sich die Nordöstliche Antijapanische Volksguerillaarmee mit anderen mandschurischen Widerstandsgruppen zur „Nordöstlichen Antijapanischen Alliierten Armee" zusammen und Kim wurde Kommandeur der dritten Division dieser Armee. Nachdem 1940 diese Armee von den Japanern fast vollständig aufgerieben wurde, suchte Kim 1941 in der Sowjetunion Zuflucht, wo er nach japanischen Geheimdienstangaben eine Militärakademie besuchte und der Roten Armee beitrat.

Beurteilt man die Rolle Kims im antijapanischen Widerstand, so kann er nicht unbedingt als ein herausragender koreanischer Revolutionär beschrieben werden. Berücksichtigt man darüber hinaus, daß Kim zwar Mitglied der chinesischen, nicht aber der koreanischen KP war und auch über keinerlei Verbindungen zu den koreanischen Nationalisten verfügte, so erscheinen die Bemühungen der offiziellen nordkoreanischen Stellen, Kim als „Vater der koreanischen Revolution" und als „Initiator des militärischen Widerstands gegen die japanische Besatzungsmacht" darzustellen, in einem ziemlich blassen Licht. Hier handelt es sich offensichtlich um den Versuch, mittels „aktiver Geschichtsschreibung" der Person Kim die Aura und das Charisma eines großen Revolutionärs und antijapanischen Widerstandskämpfers zu verleihen.

Kim kehrte zusammen mit rd. 120 Partisanenkämpfern 1945 aus dem russischen Exil nach Korea zurück und wurde der Bevölkerung P'yŏngyangs vom Führer der nationalistischen Gruppe, Cho Mansik, als „nationaler Held" vorgestellt. Die Taktik Kims, von Anfang an mit der sowjetischen Okkupationsmacht zusammenzuarbeiten und ihre Hilfe zur Durchsetzung der eigenen Ziele in Anspruch zu nehmen, sollte sich im Kampf um die Macht in Nordkorea als geschickter Schachzug erweisen.

2. Der nordkoreanische Kommunismus

Fraktionskämpfe

Die Gründungsphase des nordkoreanischen Kommunismus war durch Fraktionskämpfe gekennzeichnet, bei denen sich vier rivalisierende Gruppierungen die Führungsrolle beim Aufbau des nordkoreanischen Staates streitig machten. Die „einheimische Fraktion", die zum Großteil aus den im Lande verbliebenen antijapanischen Widerstandskämpfern bestand, verfügte zwar über einen gewissen Rückhalt in der Bevölkerung, wurde aber bereits bis zur Gründung der Volksrepublik im Jahr 1948 durch systematische Diffamierung weitgehend ausgeschaltet. Dagegen setzten sich die Fraktionskämpfe zwischen den Kapsan-Kommunisten (zu denen in erster Linie

Partisanen um Kim Ilsŏng aus dem antijapanischen Widerstand in der Mandschurei zählten), der russischen Fraktion (der die aus der Sowjetunion zurückgekehrten Koreaner zugerechnet wurden) und den Yenan-Kommunisten (Koreanern, die Mao Zedong nach Yenan gefolgt waren und in der Roten Armee gekämpft hatten) bis Mitte der fünfziger Jahre fort und erreichten in der Zeit von 1956–1958 ihren Höhepunkt. Während die Mehrheit der mandschurischen Guerilla-Kämpfer um Kim Ilsŏng kleinbäuerlicher Herkunft waren und nur eine geringe formale Bildung aufwiesen, bildeten die Sowjetkoreaner, die zum Großteil das Bildungssystem der UdSSR durchlaufen hatten, und die Yenan-Kommunisten, ebenfalls eine bildungsmäßig hervorgehobene Gruppe, die nordkoreanische Intelligenz jener Zeit.

Es war deshalb verständlich, daß die Führer der Yenan-Fraktion 1947 auf dem Gründungskongreß der „Partei der Arbeit Koreas" (PAK) die Ansicht vertraten, daß aufgrund des proletarischen Charakters der PAK die Intelligenz unterrepräsentiert sei, was durch den Beitritt der Yenan-Kommunisten ausgeglichen werden müsse. Entsprechend diesem Selbstverständnis übernahm die Yenan-Fraktion innerhalb der PAK die Rolle des politischen Vordenkers, eine Rolle, die sie immer häufiger in Opposition zur Kapsan-Fraktion um Kim Ilsŏng brachte. Als führende Mitglieder der Yenan-Kommunisten unter dem Eindruck der Entstalinisierungskampagne des XX. Parteitags der KPdSU (1956) die antiproletarische Natur der Politik Kims und die totale Unterwerfung der nordkoreanischen Bevölkerung unter das Joch der zentralistischen Planung und Bürokratie kritisierten, war der offene Bruch zwischen den Fraktionen unvermeidlich. Der Machtkampf endete letztlich mit einem Sieg der Kapsan-Fraktion. Während die Yenan-Kommunisten als parteifeindliche, reaktionäre Kräfte diffamiert und aus der Partei verstoßen wurden – viele von ihnen fanden sich später in einem der „Umerziehungslager" wieder –, ordnete sich die sowjetische Fraktion zunächst der mandschurischen Gruppierung unter, bevor sie sich später ganz auflöste.

Auf dem dritten Parteitag der PAK (1956) wurde der Sieg der mandschurischen Fraktion, die ihr revolutionäres Selbstverständnis aus dem antijapanischen Guerilla-Krieg ableitete, endgültig besiegelt: Kim Ilsŏng wurde als Parteivorsitzender wiedergewählt, sieben von elf neu ernannten Politbüromitgliedern waren alte Partisanengefährten von Kim, und auch in allen anderen zentralen Parteiorganen erlangte die mandschurische Fraktion die Mehrheit, die sie seitdem behauptet.

Chuch'e-Ideologie: Nationale Unabhängigkeit, Autarkie und self-reliance

Die Chuch'e-Ideologie ist das wichtigste Element des nordkoreanischen Kommunismus. Chuch'e („Unabhängigkeit, Souveränität") kann als eigenständige Antwort auf die traditionelle Unterwürfigkeit und Unterordnung Koreas unter die Herrschaft anderer Staaten und als Versuch der Wiederherstellung der durch koloniale Abhängigkeit, Diskriminierung und Ausbeutung verschütteten nationalen Identität gelten. In der Biographie Kim Ilsŏngs wird das Konzept der Chuch'e-Ideologie wie folgt umrissen:

„Chuch'e bedeutet, das Prinzip zu verfolgen, alle Probleme der Revolution und des Aufbaus in Übereinstimmung mit den gegebenen Umständen im eigenen Land für sich selbst und im wesentlichen durch eigene Anstrengungen zu lösen (...) Dies ist eine unabhängige, autozentristische Politik, die darauf bedacht ist, die eigenen Probleme selbst zu überwinden."

Historisch gesehen lassen sich die Wurzeln der Chuch'e-Ideologie zum einen auf den durch jahrhundertelange Fremdherrschaft aufgestauten Drang nach nationaler Unabhängigkeit und zum anderen auf die persönlichen Erfahrungen Kims im antijapanischen Widerstand zurückverfolgen, die ihm zeigten, daß man sich auch als Partisanenkämpfer letztlich nur auf sich selbst verlassen könne. Die Zeit seines russischen Exils, in der Kim die Diskriminierung der koreanischen Minderheit in der Sowjetunion mitansehen mußte und selbst einer paternalistischen Bevormundung unterworfen war, erhärteten nur seine nationalistische und autarkistische Einstellung.

Die wirtschaftliche Ausbeutung Nordkoreas durch die UdSSR in der Zeit nach der Befreiung von der japanischen Kolonialherrschaft ließen bei Kim den Entschluß reifen, die Unterstützung durch die sowjetische Interventionsmacht als Starthilfe für einen eigenständigen und autarken Weg zu nützen. So vertrat Kim Ilsŏng erstmals 1947 die Ansicht, daß Nordkorea ohne wirtschaftliche Selbständigkeit weder politische Unabhängigkeit noch nationale Identität erreichen könne. Denn nur Autarkie könne verhindern, daß ein so kleiner und strategisch außerordentlich interessanter Staat wie Nordkorea von einem seiner mächtigen Nachbarstaaten unterworfen werde.

Durch die Erfahrungen des Korea-Krieges, in dem sich die UdSSR als unzuverlässiger Bündnispartner erwies, und durch die Bestrebungen Moskaus, Nordkorea zu einem sowjetischen Satellitenstaat zu machen, bestärkt, forcierte Kim bis Mitte der fünfziger Jahre die Implementierung der Chuch'e-Ideologie, wobei im Rahmen einer gleichzeitig durchgeführten, grundlegenden Bildungsreform nationale Themen (Sprache, Geschichte, Kultur des Landes) in den Vordergrund gestellt wurden. Entscheidende Unterstützung fand der „koreanische Kommunismus" aber durch die Entstalinisierungspolitik der UdSSR und die Parole Chruschtschows von den „verschiedenen Wegen zum Sozialismus", die auf dem XX. Parteitag der KPdSU ausgegeben wurde.

Neben der ökonomischen Dimension der Chuch'e-Ideologie, die den Aufbau einer unabhängigen und autarken Volkswirtschaft betont, erlangte vor allem die politische Dimension für Nordkorea eine fundamentale Bedeutung. Denn sie erlaubt es der nordkoreanischen Regierung, den schmalen Pfad zwischen Integration in das sowjetische Satellitenbündnis auf der einen Seite und Unterordnung unter chinesische Vorherrschaft auf der anderen Seite zu beschreiten und so ein beträchtliches Maß an nationaler Unabhängigkeit und Selbstbestimmung zu verwirklichen. Überspitzt formuliert kann die

Chuch'e-Ideologie in bezug auf die nordkoreanische Außenpolitik als Balanceakt zwischen den beiden kommunistischen Großmächten China und UdSSR mit dem Ziel interpretiert werden, Moskau und Peking zum größtmöglichen eigenen Vorteil gegeneinander auszuspielen. In der Tat gelang es Kim Ilsŏng in der Vergangenheit, durch geschicktes Lavieren die politische Unabhängigkeit seines Landes sicherzustellen.

Die kulturelle Dimension der Chuch'e-Ideologie basiert auf der Erkenntnis, daß der Aufbau eines eigenständigen politischen und ökonomischen Gemeinwesens nicht einen Bruch mit der eigenen Geschichte bedeuten müsse, sondern vielmehr in Anknüpfung an die Tradition des Landes erfolgen solle. Kulturelle Selbstbestimmung bedeutet, daß der Mensch „als Schöpfer des historischen Fortschritts" sich aus der Abhängigkeit von anderen befreit und als Träger traditioneller Identität den gesellschaftlichen Entwicklungsprozeß mitbestimmt. Zwar betont die Chuch'e-Ideologie in diesem Zusammenhang die Bedeutung der Arbeiterklasse für die geschichtliche Entwicklung („Die Masse der arbeitenden Klassen sind die primären Kräfte der Revolution und des Aufbaus"), aber letztlich hängt der Entwicklungserfolg einer Gesellschaft vom Auftreten einer entsprechenden Führerpersönlichkeit ab. Denn „die Arbeiterklasse kann nur dann treibende Kraft der Revolution werden, wenn sie mit revolutionärem Bewußtsein erfüllt und für den revolutionären Kampf unter der Führung eines außerordentlich brillanten und herausragenden Führers mobilisiert wurde."

Es war denn auch weniger dieser hierarchische Elitismus, der die Chuch'e-Ideologie in den siebziger Jahren zu einem „Exportartikel" Nordkoreas für die Dritte Welt werden ließ, als vielmehr der politische Aspekt des erfolgreichen Balanceakts zwischen den Großmächten und die Rückbesinnung auf die eigenen Traditionen und Fähigkeiten. Gerade die beiden letzten Punkte – gepaart mit einer entsprechenden Militärhilfe Nordkoreas – ließen nach Scheitern der westlichen Entwicklungsmodelle das Interesse afrikanischer und asiatischer Entwicklungsländer an der Chuch'e-Ideologie aufkommen.

Gestützt auf das Wohlwollen einiger Staaten der Dritten Welt, versuchte Nordkorea in den siebziger Jahren sein Gewicht innerhalb der „Bewegung der Blockfreien Staaten" zu erhöhen, ohne jedoch jemals die selbst beanspruchte Führungsrolle übernehmen zu können. In den achtziger Jahren kühlte dann das Verhältnis der Entwicklungsländer zu Nordkorea durch das bisweilen sonderbare Verhalten nordkoreanischer Militärberater in den jeweiligen Gastländern und das Attentat des nordkoreanischen Geheimdienstes in der burmesischen Hauptstadt Rangoon merklich ab.

3. Wirtschaftliche Entwicklung der Demokratischen Volksrepublik Korea

Die japanische Kolonialzeit und die Teilung Koreas belasteten den wirtschaftlichen Aufbau Nordkoreas nach dem Zweiten Weltkrieg mit drei schweren Entwicklungshypotheken. Erstens war die Wirtschaftsstruktur der Halbinsel durch die jahrzehntelange Abhängigkeit von der Kolonialmacht Japan geprägt, die das Nachbarland in erster Linie als Rohstofflieferanten und Absatzmarkt für japanische Fertigwaren betrachtete. Deshalb beschränkte sich die industrielle Struktur Koreas auf die Bereiche Bergbau sowie Eisen- und Stahlerzeugung. Die zweite Hypothek für die wirtschaftliche Entwicklung Nordkoreas bestand darin, daß sich während der japanischen Kolonialzeit auf der Halbinsel selbst eine duale Struktur mit Schwerindustrie im Norden und Landwirtschaft im Süden herausbildete. Durch die Teilung des Landes wurde der Norden von den für die Ernährung der Bevölkerung bedeutenden landwirtschaftlichen Zentren im Süden abgeschnitten und damit eines Teils seiner Versorgungsgrundlage beraubt. Als dritte Hypothek erwies sich schließlich der Abzug der japanischen Wirtschafts- und Verwaltungsfachleute, der nicht nur das Wirtschaftsleben, sondern auch die Administration weitgehend lahmlegte.

Der wirtschaftliche Aufbau Nordkoreas war bis zum Ausbruch des Koreakrieges im Jahr 1950 durch eine umfassende Landreform, die Verstaatlichung der Schlüsselindustrien, den Wiederaufbau der von den Japanern zerstörten Fabrikanlagen und die Sicherstellung der Versorgung der Bevölkerung mit Nahrungsmitteln gekennzeichnet. Grundlage für die wirtschaftliche Entwicklung des Landes in den Anfangsjahren war die enge Beziehung zur Sowjetunion, die es dem Land erlaubte, die kolonial überformte Wirtschaftsstruktur zunächst wiederherzustellen, um dann auf dieser Basis allmählich eine autarke und ausgewogene Volkswirtschaft anzustreben. Die Sowjetunion, die sich in dieser Zeit zum Hauptabnehmer nordkoreanischer Rohstoffe und zum Lieferanten industrieller Fertigprodukte entwickelte, trat damit als „kolonialer Partner" in die Fußstapfen Japans. Die wirtschaftliche Entwicklung Nordkoreas wurde durch den Koreakrieg jäh unterbrochen. Beispielsweise lag die Gesamtleistung der Industrie 1953 um 36% unter dem Wert von 1949.

Die Wiederaufbauphase nach dem Koreakrieg wurde mit der Verabschiedung des 3-Jahresplans 1954–1956 eingeleitet, in dem erstmals die Schaffung einer ausgewogenen Wirtschaftsstruktur als Ziel festgeschrieben wurde. Der Plan sah vor, die industrielle Produktion um 260 Prozent und die Agrarproduktion um 220 Prozent gegenüber dem Basisjahr 1953 zu erhöhen. Nach nordkoreanischen Statistiken wurden die Ziele des Plans im wesentlichen erreicht, zum Teil sogar übertroffen.

Der 5-Jahresplan von 1957–1961, mit dem die Übergangsphase von einem Agrarstaat zu einer agrarisch-industriellen Volkswirtschaft vollzogen werden sollte, wurde nach offiziellen Verlautbarungen bereits zweieinhalb Jahre nach Inkrafttreten erfüllt. Seine Hauptziele waren die Eliminierung der Überreste der kolonialen Industriestruktur, die Sicherstellung der Grundlagen für die geplante Einführung moderner Massenproduktionstechniken, die Erhöhung der Industrie- und Agrarproduktion sowie die Entwicklung einer ausgewogenen Wirtschaftsstruktur.

Der 7-Jahresplan 1961–1967, der allerdings nach einem

deutlichen Rückgang der Wachstumsraten infolge erhöhter Militärausgaben und des Scheiterns der Agrarpolitik bis 1970 verlängert werden mußte, sah den Aufbau einer eigenen Maschinenbauindustrie, die Forcierung der chemischen Industrie, die zum einen die Grundstoffe für die Leichtindustrie und zum anderen Kunstdünger für den Agrarsektor bereitstellen sollte, und die Mechanisierung der Landwirtschaft vor. Obwohl der 7-Jahresplan auf zehn Jahre ausgedehnt werden mußte, verweisen offizielle Stellen darauf, daß mit ihm der Wandel Nordkoreas zu einer „sozialistischen Industrienation" vollzogen worden sei.

Der 6-Jahresplan 1971–1976 stand unter dem Vorzeichen der „Konsolidierung und des Ausbaus der Industrialisierung sowie der Forcierung der technischen Revolution mit dem Ziel, die materiellen und technischen Grundlagen des Sozialismus zu festigen." Neben der Verbesserung der Qualität industrieller Erzeugnisse und der Erhöhung der Produktivität in der Landwirtschaft lag das Hauptaugenmerk des Plans auf dem Erreichen der Autarkie bei industriellen Grundstoffen. Nach offiziellen Angaben wurden alle Ziele des 6-Jahresplans, mit dem die „große technische Revolution" vollendet wurde, erfüllt. Jedoch ist zu vermuten, daß das Land infolge der Ölkrise von 1975 und der hohen Auslandsverschuldung, die Nordkorea gegenüber westlichen Staaten in Zahlungsschwierigkeiten brachte, das Planziel der „Industrienation" nicht realisieren konnte.

Indizien hierfür gibt der 7-Jahresplan 1978–1984, der erneut unter dem Zeichen der technischen Modernisierung stand. Obwohl Nordkorea den Übergang zum intensiven Wachstum immer wieder propagiert hat, konnte dieses Ziel bis heute nicht erreicht werden, da der hierfür notwendige Import moderner Produktionstechnologien aufgrund beschränkter Deviseneinnahmen nur sporadisch vorgenommen werden konnte. In diesem Zusammenhang wirkte sich auch die fehlende Kreditwürdigkeit – nach einer einseitigen Aufkündigung des Schuldendienstes kann Nordkorea im Außenhandel praktisch nur noch Bargeschäfte tätigen – negativ aus.

Nach verfügbaren Gesamtindikatoren kann Nordkorea im Vergleich mit anderen Staaten der Dritten Welt eine beachtliche wirtschaftliche Entwicklung vorweisen. So lag beispielsweise die durchschnittliche jährliche Wachstumsrate des Volkseinkommens im Zeitraum zwischen 1953 und 1970 mit 16,6% überaus hoch. Selbst in der durch zunehmende wirtschaftliche Schwierigkeiten gekennzeichneten Periode von 1970 bis 1980 dürfte die Wachstumsrate des Volkseinkommens noch bei durchschnittlich 7,3% gelegen haben. Nach Schätzungen westlicher Experten überschritt das Pro-Kopf-Einkommen Nordkoreas 1980 die Schwelle von 1000 US-$. Der Fortschritt des Landes bei der Industrialisierung zeigt sich auch in der Erhöhung des Anteils des sekundären Sektors am Volkseinkommen von 27,5% 1953 auf 48% 1980.

Diese Erfolge bei der wirtschaftlichen Entwicklung konnten jedoch nur durch die totale Unterwerfung der Bevölkerung unter das Diktat einer extrem zentralistischen Planungsbürokratie und durch die Mobilisierung aller inneren Ressourcen erreicht werden. Hierzu wurde Mitte der fünfziger Jahre die „Ch'ŏllima"-Bewegung initiiert – Ch'ŏllima ist der Name eines sagenumwobenen Pferdes, das über die magische Fähigkeit verfügen soll, seinen Reiter mit einer Geschwindigkeit von tausend Meilen pro Tag in das Land der Glückseligkeit zu tragen. Ihr wichtigstes Ziel war es, die Kreativität und Initiative der unmittelbaren Produzenten zu erschließen. Durch diese Mobilisierung der inneren Ressourcen sollte der knappe Produktionsfaktor Kapital durch den Mehreinsatz der reichlich vorhandenen Arbeitskraft substituiert und der fehlende „dispositive Faktor", d.h. Leitungs- und Planungsfunktionen, durch die „innovative Energie der Massen" ersetzt werden. Kritiker dieser Bewegung weisen jedoch darauf hin, daß die Initiative von unten durch die allgewaltige Zentralbürokratie im Keim erstickt würde und daß es sich bei der Ch'ŏllima-Bewegung vielmehr um eine Scheinpartizipation der Massen mit dem Ziel der Stärkung des sozialistischen Wettbewerbs handle.

4. Gesellschaft und Lebensverhältnisse

Tragende Säule der nordkoreanischen Gesellschaft ist die mächtige und allgegenwärtige „Partei der Arbeit Koreas" (PAK). Zwar existieren neben der PAK zahlreiche anderen kulturelle und soziale Organisationen, die aber de facto nur Hilfsorgane der Partei sind. Bei dem hohen Organisationsgrad der nordkoreanischen Bevölkerung gehört jeder Bürger mindestens einer Vereinigung an: Neben der PAK mit 1,8 Millionen Mitgliedern gibt es für die Jugend die Jungen Pioniere, für Industriearbeiter den Generalverband der Gewerkschaften und für Bauern die Vereinigung der koreanischen Landarbeiter. Alle Jugendlichen zwischen 14 und 30 Jahren sind darüber hinaus Mitglied der Sozialistischen Arbeiterjugend, alle Frauen zwischen 30 und 50 gehören der Vereinigung der Demokratischen Frauen Koreas an. Die Omnipotenz der PAK, die mit ihrem allmächtigen Apparat ständig ein wachsames Auge auf die Bevölkerung hat, nicht enden wollende Lobeshymnen auf den geliebten Führer Kim Ilsŏng, dessen Glorifizierung und Vergöttlichung zumindest für Außenstehende absurde Züge annehmen, und die ständige Indoktrination der Bevölkerung sind die herausragenden Kennzeichen der monolithischen nordkoreanischen Gesellschaft. Entgegen der häufigen Beteuerung, daß Nordkorea eine klassenlose und egalitäre Gesellschaft sei, ist die Bevölkerung des Landes in drei Haupt- und zahlreiche Untergruppen eingeteilt. Die drei Hauptgruppen bestehen dabei aus der Klasse der Zuverlässigen (27% der Bevölkerung), der Unzuverlässigen (22% der Bevölkerung) und der Gruppe der „Problemfälle" (51% der Bevölkerung). Es versteht sich von selbst, daß die Angehörigen der verschiedenen Klassen entsprechend differenzierte wirtschaftliche und soziale Privilegien genießen.

Obwohl das Land im Bereich der Landwirtschaft weitgehende Selbstversorgung für sich reklamiert, werden die meisten Grundnahrungsmittel, wie Reis, Fleisch, Geflügel, Fisch und Gemüse, auch heute noch entsprechend dem Alter und der Art der Tätigkeit zugeteilt. Während die Lebenshaltungskosten, was die Güter des täglichen Bedarfs betrifft, in Nordkorea gering sind – beispielsweise zahlt ein durchschnittlicher Arbeiterhaushalt bei einem Monatslohn von 60 Won für Miete einschließlich Nebenkosten 7 Won –, sind alle Güter des gehobenen Bedarfs unverhältnismäßig teuer. Dies weist darauf hin, daß auch in Nordkorea, wie in anderen sozialistischen Staaten, die Geldmenge das Warenangebot übersteigt. Deshalb ist die Regierung darauf bedacht, mittels überhöhter Preise für Luxusgüter eine gewisse Kaufkraftabschöpfung vorzunehmen.

Um eine ständige Überwachung der Bevölkerung gewährleisten zu können, ist die Mobilität der nordkoreanischen Gesellschaft stark eingeschränkt: Der überregionale Verkehr wird ausschließlich über das nicht allzu dichte Eisenbahnnetz abgewickelt, wobei allerdings jede Fahrt der vorherigen Genehmigung durch die Behörden bedarf. Ansonsten existieren öffentliche Verkehrsmittel nur innerhalb von Großstädten. Der Privatbesitz eines Automobils ist ein Privileg, das nur einigen auserwählten Universitätsprofessoren zuteil wird.

Dem Außenstehenden, der dem nordkoreanischen Überwachungsstaat und der Loyalität der Bevölkerung zu ihrem „geliebten Führer" mit ungläubiger Skepsis begegnet, mögen folgende drei Aspekte das Verständnis der Gesellschaft Nordkoreas erleichtern: Zum einen muß darauf hingewiesen werden, daß die Loyalität und der Respekt der Bevölkerung gegenüber der „väterlichen Führerpersönlichkeit" – so das Bild, das Kim Ilsŏng von sich verbreiten läßt – in der konfuzianischen Tradition des Landes begründet sind und in diesem Ausmaß vermutlich nur in einem konfuzianistischen Staat existieren kann. Zum anderen darf auch nicht vergessen werden, daß die zweifellos bemerkenswerte wirtschaftliche Aufbauleistung einem Großteil der Bürger zumindest hinsichtlich der Güter des täglichen Bedarfs, der sozialen Sicherung und des Bildungswesens einen in der Geschichte des Landes bislang niemals erreichten Standard bescherte. Und drittens schließlich haben die jahrzehntelange subtile Indoktrination und Bevormundung sowie die Ächtung jeglichen abweichenden Verhaltens als „Mangel an revolutionärem Bewußtsein und Verrat an der Chuch'e-Ideologie" ihre Wirkung wohl nicht verfehlt: Persönliche Initiative, individuelle Freiheit und Kreativität als Basis für die Fortentwicklung der Gesellschaft gerieten so in Vergessenheit.

5. Zwei offene Fragen: Wiedervereinigung und die Nachfolge Kim Ilsŏngs

Schon seit Ende der siebziger Jahre wird das politische Geschehen in Nordkorea weitgehend von zwei ungelösten Problemen beherrscht: Zwar schien das eine, die Nachfolge von Kim Ilsŏng, der bereits über vierzig Jahre an der Spitze des nordkoreanischen Staates steht, mit der Nominierung seines Sohnes Kim Chŏngil zum designierten Nachfolger bereits gelöst. Aber immer wieder gibt es Zweifel, und es ist nicht auszuschließen, daß, ähnlich wie in China nach der Zeit Maos, mit dem Tod von Kim ein Machtkampf ausbricht. Das andere Problem hingegen, die Frage der Wiedervereinigung, wird sicherlich noch länger auf der politischen Tagesordnung beider koreanischer Staaten stehen bleiben, die die Teilung des Landes, ungeachtet aller ideologischer Differenzen, als unnatürlich, willkürlich und ungerecht empfinden.

So tief auch der Wunsch nach Wiederherstellung einer geeinten Nation in der Bevölkerung diesseits und jenseits des 38. Breitengrades verwurzelt sein mag, so feindselig und mißtrauisch war bisher das Verhältnis der beiden koreanischen Staaten zueinander. Nicht von ungefähr stehen sich auch noch 35 Jahre nach dem Koreakrieg an der Demarkationslinie zwei hochgerüstete Armeen gegenüber. Folgende Gegenüberstellung mag das belegen:

Streitkräfte auf der koreanischen Halbinsel 1985/1986

	Nordkorea	Südkorea	US-Streitkräfte in Südkorea
Gesamtstärke (Mann)	838 000	598 000	40 950
Heer (Mann)	750 000	520 000	29 750
Panzer (E.)	3 275	1 200	n. a.
Artilleriegeschütze (E.)	4 650	3 000	n. a.
Mörser (E.)	11 000	5 300	n. a.
Marine (Mann)	33 500	45 000	–
Fregatten (E.)	4	7	–
Zerstörer (E.)	–	11	–
U-Boote (E.)	20	–	–
Luftwaffe (Mann)	53 000	33 000	11 200
Flugzeuge (E.)	800	451	102
Hubschrauber (E.)	170	250	n. a.
Flugplätze	20	12	–

Quelle: International Institute for Strategic Studies, The Military Balance, 1985–6, London 1986

Nordkorea hat für die Wiedervereinigung des Landes eine auf der Chuch'e-Ideologie basierende Strategie entwickelt, wonach die Halbinsel durch die Koreaner selbst und ohne Einmischung von außenstehenden Mächten wiedervereinigt werden soll. Deshalb betrachtet die Demokratische Volksrepublik die Präsenz amerikanischer Streitkräfte in Südkorea als größtes Hindernis auf dem Weg zu einem geeinten Korea.

Seit dem Koreakrieg, in dem Nordkorea das Ziel der Wiedervereinigung mit gewaltsamen Mitteln beinahe erreicht hätte, sind die gegenseitigen Beziehungen eisig: Bis heute gibt es zwischen den beiden Staaten mit Ausnahme eines „roten Telephons" keinerlei Kommunikationsverbindungen. Feindschaft, Angst und Mißtrauen kennzeichnen dieses gespannte Verhältnis der Bruderstaaten. Zwar kam es 1972 im Zuge der internationalen Entspannungsbemühungen zu einem ersten Dialog zwischen den beiden Staaten, wobei im wesentlichen Probleme der Familienzusammenführung und Möglichkeiten einer politischen Wiedervereinigung erörtert werden sollten, aber diese Gespräche kamen über protokollarische Fragen nicht hinaus und wurden 1973 infolge grundlegender Meinungsverschiedenheiten in der Wiedervereinigungsfrage abgebrochen. Ein südkoreanischer Beobachter charakterisierte diese Gespräche denn auch als Schritt von der „Konfrontation ohne Dialog zur Konfrontation mit Dialog".

Nordkorea betrachtet jeden Schritt in der Wiedervereinigungsfrage, der zu einer Festschreibung des Status quo auf der koreanischen Halbinsel führen könnte, als Gefährdung seiner Politik, das Regime im Süden zu eliminieren und ein vereintes, kommunistisches Korea zu schaffen. Aus diesem Grunde lehnte Nordkorea in den siebziger Jahren verschiedene Vorschläge Südkoreas, die eher in Richtung einer „deutschen Lösung" zielten, wie z.B. die gleichzeitige Aufnahme beider koreanischer Staaten in die UNO, kategorisch ab.

Die einem Schachspiel gleichenden Beziehungen zwischen den beiden koreanischen Staaten bestanden in der Vergangenheit in der Hauptsache darin, Vorschläge zu unterbreiten, die zwar durchaus sinnvoll erschienen und dem Unterbreiter einen gewissen diplomatischen Vorteil verschafften, von denen man aber wußte, daß sie für die jeweilige Gegenseite unannehmbar waren. Einen solchen Vorschlag glaubte P'yŏngyang auch 1984 zu machen, als es Nahrungsmittelhilfe für die Opfer einer Flutkatastrophe in Südkorea anbot – und Seoul überraschenderweise akzeptierte. Damit öffnete sich zum ersten Mal nach über dreißig Jahren die Grenze zwischen den beiden Staaten für einen direkten Warenaustausch: Auf der einen Seite Hilfsgüter für die „notleidende" südkoreanische Bevölkerung, auf der anderen Seite als Dank hochwertige Konsumgüter für die „rückständigen" Brüder im Norden. Diese „Hilfsaktion" ist denn a posteriori weniger als Linderung der Not der Flutopfer als vielmehr als Geburtshilfe für einen erneuten Dialog zwischen den beiden Staaten zu beurteilen. Dieser hat sich mittlerweile auf vier Ebenen etabliert: Während auf parlamentarischer Ebene der Dialog bisher über

Fragen der Tagesordnung noch nicht hinausgekommen ist – Seoul möchte gerne über eine gemeinsame Verfassung für beide Staaten sprechen, P'yŏngyang sähe lieber die Diskussion über einen Nicht-Angriffspakt auf der Tagesordnung –, konnten bei den sogenannten Rot-Kreuz-Gesprächen über Fragen der Familienzusammenführung und Besuchsmöglichkeiten erste Erfolge erzielt werden. So öffnete sich 1985 erstmals nach über dreißig Jahren die Demarkationslinie für eine handverlesene Schar von Nord- bzw. Südkoreanern zum Verwandtenbesuch im Bruderstaat. Beiderseits der Grenze wurde dieser Besuch von starker emotionaler Anteilnahme der Bevölkerung begleitet. Für die Zukunft am vielversprechendsten dürften die Wirtschaftsgespräche sein, da sich die beiden Staaten ideal ergänzen würden: Der Norden ist aufgrund seiner stagnierenden wirtschaftlichen Entwicklung am Import moderner Produktionstechnologie interessiert, während der Süden bestimmt nicht abgeneigt wäre, einen Teil seiner Rohstoffimporte aus dem Norden zu beziehen. Trotz dieser vielversprechenden Perspektiven sind aber die Wirtschaftsgespräche bisher nicht so recht vom Fleck gekommen, da P'yŏngyang den beschriebenen „kolonialistischen" Warenaustausch ablehnt und darüber hinaus alles vermeidet, was eine de-facto-Anerkennung der Existenz zweier koreanischer Staaten bedeuten würde.

Abzuwarten bleibt auch, wie die Gespräche über eine nordkoreanische Beteiligung an der Ausrichtung der Olympischen Spiele 1988 in Seoul ausgehen werden. Südkorea, dessen Interesse primär darauf gerichtet ist, einen Boykott der Spiele durch die sozialistischen Staaten zu verhindern, hat Bereitschaft signalisiert, dem IOC-Vorschlag zu folgen, einige Wettbewerbe in P'yŏngyang auszutragen, lehnt aber eine offizielle Mitgastgeberrolle Nordkoreas kategorisch ab. Hinsichtlich des Dialogs zwischen den beiden Staaten bleibt deshalb nur zu hoffen, daß sich in Zukunft das alte koreanische Sprichwort bewahrheiten möge: „Der erste Schritt ist der halbe Weg".

Anhang

Einige ausgewählte touristische Ziele

Seoul und Umgebung

Zu Beginn der Yi-Dynastie im Jahr 1392 von König T'aejo gegründet, gehört die südkoreanische Hauptstadt zu den großen Metropolen der Welt. Auf einer Fläche von 627 qkm zählt Seoul heute über 10 Millionen Einwohner. Ringsum von Bergen umgeben, die den natürlichen Luftaustausch in der Stadt behindern und das Klima in den Sommermonaten fast unerträglich machen, lädt Seoul seine Gäste zum Besuch zahlreicher Sehenswürdigkeiten ein:

Kyŏngbokkung: Palast des strahlenden Glücks. Ursprünglich die Residenz von König T'aejo, wurde der Kyŏngbok-Palast während der Hideyoshi-Invasion zerstört und in seiner heutigen Form erst unter der Regierung von Taewŏngun im Jahre 1868 wieder aufgebaut. Er liegt im Zentrum der Stadt am Ende der Sejong-Straße und ist von den großen Hotels bequem zu Fuß zu erreichen. Innerhalb des Geländes des Kyŏngbok-Palastes wurde 1972 das Nationalmuseum errichtet, dessen Besuch einen hervorragenden Einblick in die jahrtausendealte Kultur des Landes gibt. Das Gebäude des Nationalmuseums wurde nach alten Plänen als fünfstöckige Pagode konzipiert.

Ch'angdokkung: Palast der strahlenden Tugend. Der Ch'angdok-Palast liegt ebenfalls im Stadtzentrum, nicht weit vom Kyŏngbok-Palast entfernt. Er wurde im Jahr 1405 erbaut und gilt als der am besten erhaltene Palast Seouls. Auch der Ch'angdok-Palast wurde während der japanischen Invasion Ende des 16. Jh. zerstört, jedoch bereits im Jahr 1611 wieder aufgebaut. Lediglich das Eingangstor zum Ch'angdokkung überstand die Hideyoshi-Invasion vermutlich unbeschadet und gilt als das älteste Tor der Hauptstadt. Hinter dem Ch'angdok-Palast befindet sich auf einem 7800 qm großen Areal der Piwŏn (geheimer Garten), ein Beispiel für die koreanische Gartenbaukunst, die, obwohl von China beeinflußt, doch ihren eigenen Stil entwickelte. Südlich des geheimen Gartens liegt der Ch'anggyŏngwŏn, ein hübscher Park, der seit der japanischen Kolonialzeit den Zoologischen und Botanischen Garten der Hauptstadt beherbergt.

Toksukung: Palast der tugendhaften Langlebigkeit. Der Toksukung, ursprünglich eine königliche Villa, liegt nur unweit des Südtores (Namdaemun). Die Anlage vereint traditionell koreanische Häuser mit einem Gebäude im westlichen Stil, das nach Plänen eines britischen Architekten um die Jahrhundertwende erbaut wurde und bis 1972 als Nationalmuseum diente.

Neben dem Besuch der alten Paläste oder des Nationalmuseums bietet sich in Seoul eine Fahrt mit der Seilbahn auf den Namsan (Südberg) an, von wo man eine herrliche Aussicht auf die südkoreanische Hauptstadt hat. Nicht versäumen sollte man auch einen Bummel über einen der großen Märkte, wie z.B. den Tongdaemun Ssichang (Osttor-Markt) oder den Namdaemun Ssichang (Südtor-Markt). Für Einkäufe geradezu ideal ist Myŏngdong, ein Viertel, in dem es nicht nur unzählige Geschäfte, Boutiquen, Tabangs und Restaurants gibt, sondern in dem sich auch die führenden Kaufhäuser des Landes befinden.

Nicht nur die südkoreanische Hauptstadt selbst, sondern auch das Umland bietet interessante Sehenswürdigkeiten. Bei einem Ausflug zum Namhansansŏng (Südfestung) kann beispielsweise die zum Schutz gegen Einfälle der Mandschus Anfang des 17. Jh. errichtete Befestigungsmauer besichtigt werden. Von dieser sieben Kilometer langen Befestigungsanlage, die ca. 25 km südöstlich der Hauptstadt an der Straße nach Kwangju liegt, hat man an schönen Tagen eine wunderbare Aussicht über das Hangang-Tal auf Seoul. Lohnenswert ist auch ein Ausflug nach Suwŏn (50 km südlich von Seoul), der

Hauptstadt der Provinz Kyŏnggi; neben dem Yongjusa, einem buddhistischen Tempel, kann in Suwŏn das in den siebziger Jahren von der Regierung aufgebaute „Korean Folk Village", ein Freilichtmuseum traditioneller koreanischer Häuser, besichtigt werden. Im Folk Village von Suwŏn, das von Seoul aus auch mit der U-Bahn erreicht werden kann, finden häufig Aufführungen koreanischer Folklore, wie Bauern- oder Maskentänze, statt. Auf der Insel Kanghwado, die 40 km westlich von Seoul im Mündungsbereich des Hangang liegt, kann der Besucher einen Ausflug in die Urgeschichte machen: Zahlreiche Dolmen geben ein Zeugnis von der frühen Besiedlung des Landes. Auf dem Gipfel des höchsten Berges der Insel, dem Manisan, befindet sich ein Altar, den der Sage nach der legendäre Gründer Koreas, Tangun, errichtet haben soll. Die Insel, die im 12. Jh. ein Zentrum der koreanischen Töpferkunst war, diente schon seit jeher als Zufluchtsort für das koreanische Königshaus. Dementsprechend finden sich noch heute die Überreste zahlreicher Befestigungsanlagen. Innerhalb einer dieser Festungen im Süden der Insel liegt auch der bekannteste Tempel des Landes, der Chŏngdung, dessen Ursprünge in die frühe Koguryŏ-Zeit reichen.

Einen Ausflug in die jüngere Geschichte des Landes erlaubt ein Besuch in dem 50 km von Seoul entfernten Grenzort Panmunjŏm, in dem 1953 das Waffenstillstandsabkommen zwischen den verfeindeten Bruderstaaten unterzeichnet wurde. Auch heute noch liegt eine gespannte Nervosität und haßerfüllte Kälte über dem Grenzort, stehen sich doch diesseits und jenseits der demilitarisierten Zone hochgerüstete und für den Ernstfall jederzeit bereite Kriegsmaschinerien gegenüber.

Kyŏngju – die Hauptstadt Sillas

Kyŏngju, die Wiege des Königreichs Silla und von 57 v. Chr. bis 935 n. Chr. seine Hauptstadt, liegt im Südosten der Halbinsel, rd. 60 km östlich von Taegu. Ein Besuch in Kyŏngju ist wie ein Gang durch ein Museum ohne Mauern: Hügelförmige Königsgräber, Tempelanlagen mit verwitterten Steinpagoden, buddhistische Felsreliefs und eine rätselhafte Sternwarte – das ist nur eine Auswahl der kulturellen Sehenswürdigkeiten Kyŏngjus, die ihr mit Recht den Titel der „Kulturstadt" Südkoreas eingebracht haben. Aufgrund der Einzigartigkeit der Anlage sollte der Besucher Südkorea nicht verlassen, ohne nicht wenigstens einen Tag in der alten Silla-Hauptstadt verbracht zu haben. Ein Besuch der geschichtsträchtigen Königsstadt, die mit einer geschätzten Einwohnerzahl von 1 Million in ihrer Zeit zu den größten Städten der Welt zählte, vermittelt einen bleibenden Eindruck von der Eigenständigkeit der koreanischen Kultur. Nachfolgend können nur die wichtigsten Zeugnisse der großartigen Vergangenheit dieser Stadt aufgeführt werden:

Pulguksa: Der Pulguk-Tempel gilt als das bedeutendste buddhistische Bauwerk Koreas. Obwohl die heutige Anlage, die auf den originalen Steinfundamenten rekonstruiert wurde, nur ein Zehntel der ursprünglichen Fläche mißt, gibt sie doch einen guten Eindruck von der Würde und Ausgewogenheit der Silla-Architektur. Die Harmonie und der symmetrische Aufbau der Anlage wird besonders an den beiden original erhaltenen Pagoden (Sokkat'ap und Tabot'ap) deutlich, die im Hof des Haupttempels zu besichtigen sind. Die Tabo-Pagode gilt als die schönste Pagode Koreas und ist in ihrer Art wohl einzigartig in ganz Asien.

Sokkuram: Die Sokkuram-Grotte liegt auf einem Berghügel überhalb des Pulguksa und ist von dort per Bus oder zu Fuß zu erreichen. Die kuppelförmige Grotte beherbergt eine steinerne Buddhastatue von vollendeter Schönheit. In erhabener Pose sitzend, blickt sie nach Osten auf die Japanische See. Früher fielen die Strahlen der aufgehenden Sonne direkt auf den großen Edelstein auf der Stirn der Buddhastatue und erleuchteten sie. Leider kann dieses Schauspiel heute nicht mehr verfolgt werden, da die Grotte zum Schutz vor Verfall mit einem Vorbau und einer Glaswand versehen wurde.

Ch'ŏmsŏngdae: Die rd. 9 m hohe, flaschenförmige Sternwarte ist das älteste nicht-religiöse Bauwerk in Korea. Es wurde im Jahr 634 n.Chr. aus 366 Steinblöcken errichtet, die auf einem Fundament von zwölf Steinquadern ruhen. In der Mitte des Observatoriums ist ein Fenster angebracht, durch das es vermutlich mit einer Leiter bestiegen wurde. Da es keinerlei historische Aufzeichnungen über die Sternwarte gibt, besteht Unklarheit darüber, wie dieses älteste Observatorium Asiens betrieben wurde.

Punhwangsa-Pagode: Die ursprünglich neunstöckige Punhwangsa-Pagode, die an ihren Eingängen von grimmigen Wächtern und an den Ecken von vier Steinlöwen bewacht wird, stammt aus dem 7. Jh. Heute sind von den ursprünglich neun Stockwerken nur noch die drei untersten zu besichtigen.

Nationalmuseum von Kyŏngju: Zu den besonderen Schätzen des Nationalmuseums in Kyŏngju, das einen umfassenden Überblick über die Silla-Kultur vermittelt, zählt die Emillie-Glocke. Der Sage nach fiel beim Gießen der Glocke ein Kind in den Schmelztiegel und wurde in die Glocke eingegossen, so daß man noch heute beim Schlagen „Emi, Emi" hören kann – den Ruf des Kindes nach seiner Mutter.

Die Schönheit der Natur: Die Nationalparks Soraksan und Songnisan sowie die Insel Chejudo

Südkorea hat nicht nur für den Kulturliebhaber einiges zu bieten, sondern auch für den Naturfreund. Als Beispiel seien hier nur die Nationalparks Soraksan und Songnisan sowie die größte Insel des Landes, Chejudo, angeführt:

Soraksan: Den Sorak-Nationalpark in der Provinz Kangwŏndo erreicht man von Seoul aus über die Autobahn nach Kangnŭng und dann über die Küstenstraße nach Sŏkch'o. Die Fahrzeit beträgt ca. 3 Stunden. Von der kleinen Hafenstadt aus gelangt man mit dem Bus in wenigen Minuten zum Nationalpark. Dieses Naturschutzgebiet mit seinen Felsen, tiefen Schluchten und herabstürzenden Wasserfällen ist nicht nur im Herbst ein bevorzugtes Ausflugsgebiet für Bergsteiger und Wanderer. Der Soraksan, der zum Diamantgebirge zählt, das zum Großteil auf nordkoreanischem Gebiet liegt, steigt von der Küste bis auf 1700 m an und ist damit der dritthöchste

6 Pŏpchu-Tempel im Songnisan-Nationalpark

Berg Südkoreas. Aufgrund der küstennahen Lage wird das Bergmassiv häufig von aufsteigenden Wolken- oder Nebelschwaden umgeben, die die bizarren Felsformationen noch unheimlicher erscheinen lassen. Neben den Naturschönheiten können mit dem Shinhŭngsa und Hyangsŏngsa auch zwei buddhistische Tempel aus dem 7. Jh. im Sorak-Nationalpark besichtigt werden.

Songnisan: Der Songnisan-Nationalpark liegt unweit der Stadt Taejon, ca. zwei Autobahnstunden südlich von Seoul. Innerhalb des Parks befindet sich mit dem Pŏpchusa die größte buddhistische Tempelanlage Südkoreas. Sie wurde im Jahr 553 n. Chr. von dem berühmten koreanischen Priester Uisang gegründet. Zu den Sehenswürdigkeiten dieser Anlage zählten eine in den sechziger Jahren errichtete 17 m hohe Maitreya-Statue, eine aus dem Jahr 720 n. Chr. stammende Steinlaterne sowie mehrere in den Fels gemeißelte Buddha-Zeichnungen.

Chejudo: Die Vulkaninsel Chejudo – die größte Insel Koreas – kann von Seoul aus per Flugzeug in ca. 1 Stunde erreicht werden. Sie gilt als klassisches Ziel für die Hochzeitsreise eines koreanischen Brautpaares. Aufgrund ihrer südlichen Lage verfügt die Insel über ein angenehm warmes, im Sommer subtropisches Klima. Neben dem höchsten Berg Südkoreas, dem Hallasan, weist die Insel zahlreiche Naturschönheiten auf: malerische Strände mit Lavasand, kleine Fischerdörfer mit den für die Insel typischen, relativ niedrigen, aus dunklen Tuffsteinen erbauten und mit Stroh bedeckten Häusern, Orangenhaine, bizarre Lavahöhlen und direkt ins Meer stürzende Wasserfälle. Typisch für die Insel sind auch die Haenya (Wasserfrauen), die nach Austern, Muscheln oder Seeigeln tauchen und diese ganz frisch am Strand zum Verzehr anbieten. Bei einem Ausflug auf die Insel Chejudo sollte auch ein Besuch in dem interessanten Provinzmuseum eingeplant werden, das sich ausschließlich den Besonderheiten der Insel widmet.

7 Die Insel Chejudo

Sprachhinweise für den Touristen

Begrüßung/Verabschiedung

Guten Tag!	Annyŏnghasimnikka.
Wie geht es Ihnen?	Ŏttŏk'e chinaesimnikka?
Danke, gut.	Chal chinaemnida.
Wir haben uns lange nicht mehr gesehen.	Oraegan manimnida.
Angenehm ... (bei Vorstellung)	Ch'ŏŭm poepkessŭmnida.
Ich heiße ...	... irago hamnida.
Bitte kommen Sie herein!	Ŏsŏ osipsio.
Bis bald!	Tto manapsida.
Besuchen Sie uns wieder!	Tto osipsio.
Auf Wiedersehen. („Gehen Sie in Frieden")	Annyŏnghi kasipsio.
Auf Wiedersehen. („Verweilen Sie in Frieden")	Annyŏnghi kesipsio.
Gute Nacht.	Annyŏnghi chumusipsio.
Vielen Dank!	Taedanhi kamsahamnida.
Grüßen Sie von mir!	Anbu chŏnhaechusipsio.

Essen

Bitte setzen Sie sich!	Anchŭsipsio.
Bitte fangen Sie zu essen an!	Ŏsŏ dŭsipsio.
Prost!	Ch'ukpae!
Mögen Sie koreanisches Essen?	Hanguk ŭmsikŭl choahasimnikka?
Ja, koreanisches Essen schmeckt vorzüglich.	Ye, hanguk ŭmsikŭn masi chossŭmnida.
Aaahh, das ist scharf!	Aiyu, maepsŭmnida.
Ein Bier, bitte!	Maekchu hanpyŏng chusipsio!

Eine Tasse Kaffee, bitte!	K'ŏp'i hanjan chusipsio!
Fräulein, die Rechnung bitte!	Agassi, kyesansŏrŭl chusipsio.
Wieviel kostet alles zusammen?	Modu ŏlma imnikka?
Bitte zahlen Sie an der Kasse!	Kyesandaesŏ chiburhasipsio.

Einkauf

Wo gibt es hier ein Kaufhaus?	Paekhwajŏmŭn odi issŭmnikka?
Was wünschen Sie?	Sonnimŭn muŏsŭl wŏnhasimnikka?
Haben Sie …?	… issŭmnikka?
Was kostet dies?	Igŏsi ŏlma imnikka?
Das ist sehr teuer!	Maeu pissamnida!
Haben Sie nichts Billigeres?	San gŏsi ŏpsŭmnikka?
Bitte geben Sie mir einen Preisnachlaß.	Chom sage hasipsio.
Ich nehme dies.	Igŏsŭl sagessŭmnida.
Danke.	Kamsahamnida.

Verkehr

U-Bahn	Chihach'ŏl
Stadtbus	Sinaepŏsŭ
Intercity-Bus	Kwankwangpŏsŭ
Taxi	T'aeksi
Bitte fahren Sie zum …	… ŭro kapsida.
Zum Flughafen, bitte.	Konghangŭro kapsida.
Zum … Hotel, bitte.	… hotello kapsida.
Bitte anhalten!	Sewŏchusipsio.
Was macht die Fahrt?	Ŏlma imnikka?

Sonstige Redewendungen

Ja	Ye
Nein	Aniyo
Bitte sehr	Ch'ŏnmaneyo
Entschuldigung	Sillehamnida
Es tut mir leid.	Mianhamnida.
Sprechen Sie Englisch?	Yŏngŏrŭl halsu imnikka?
Es tut mir leid, ich spreche kein Koreanisch.	Mianhamnida, chŏnŭn hangukmarŭl marhalsu ŏpsŭmnida.
Bitte wiederholen Sie nochmals.	Tasi malssŭm haechusipsio.
Wo ist ...	... ŏdie issŭmnikka?
Welcher, welche, welches	Ŏnŭgŏt
Was ist das?	Chŏgŏsi muŏsimnikka?
Wie heißt das auf Koreanisch?	Igŏsŭn hangukmallo muŏsimnikka?
Einverstanden!	Kŭrŏk'e hapsida.
Das ist schon in Ordnung.	Kwaench'anssŭmnida.
Vielleicht	Kŭlseyo
Bitte helfen Sie mir!	Tohwachusipsio.
Darf ich Ihnen helfen?	Tohwadŭrilkkayo?

Die Transkription des koreanischen Hangŭl-Alphabets erfolgte in der Regel nach dem System von McCune/Reischauer. Ausnahmen bildeten lediglich Worte, bei denen sich eine abweichende Umschrift eingebürgert hat (z. B. Seoul statt Sŏul).

Hangül: Die koreanische Schrift

Transkription nach McC/R	Aussprache	Transkription nach McC/R	Aussprache	Transkription nach McC/R	Aussprache
ㅣ i	i	ㅚ oe	ö	ㄱ k, g	k, g
ㅏ a	a	ㅘ wa	wa	ㄴ n	n
ㅐ ae	ä	ㅙ wae	wä	ㄷ t, d	t, d
ㅑ ya	ja	ㅡ ŭ	ü (im Rachen gespr.)	ㄹ l, r	l, r
ㅒ yae	jä	ㅢ ŭi	üi (im Rachen gespr.)	ㅁ m	m
ㅓ ŏ	offenes o	ㅜ u	u	ㅂ p, b	p, b
ㅔ e	e	ㅟ ui	ü	ㅅ s	s / vor i: sch
ㅕ yŏ	jo	ㅝ wŏ	wo	ㅇ ng	ng
ㅖ ye	je	ㅞ we	we	ㅈ ch, j	tsch
ㅗ o	o	ㅛ yo	jo	ㅊ ch'	tch (aspiriert)
		ㅠ yu	ju		

Transkription nach McC/R	Aussprache
ㅋ k'	k (aspiriert)
ㅌ t'	t (aspiriert)
ㅍ p'	p (aspiriert)
ㅎ h	h
ㄲ kk	gg
ㄸ tt	dd
ㅃ pp	bb
ㅆ ss	ss
ㅉ tch	tch

Die beiden koreanischen Staaten im Zahlenspiegel

(Stand: 1985)	Nordkorea	Südkorea
Größe (in Tausend qkm)	122	99
Bevölkerung (in Mio.)	20,1	42,7
Jährliche Wachstumsrate der Bev. 1977–84 in %	2,3	1,7
Bevölkerung im Jahr 2000	27,3	51,7
% der Bev. unter 15 Jahren	34	31
Lebenserwartung (Jahre)	65	66
Schüler und Studenten		
– Primärstufe (in Mio.)	2,5	5,3
– Sekundärstufe (in Mio.)	2,5	4,9
– Tertiärstufe (in Mio.)	0,1	1,2
Zahl der Erwerbstätigen (in Mio.)	10,1	14,4
Wirtschaftsindikatoren		
Bruttosozialprodukt (BIP) (in Mrd. US$)	19,7	85,0
BIP pro Kopf (in US$)	980	2135
Durchschnittliche Wachstumsrate des BIP 1980–84 (in %)	4,5	4,7
Anteil der Verteidigungsausgaben am BIP (in %)	23,8	6,7
Staatsausgaben (in Mrd. US$)	11,6	16,5
Staatseinnahmen (in Mrd. US$)	11,6	17,7
Anteil der Verteidigungsausgaben am Staatshaushalt (in %)	31	25
Anteil der Bildungsausgaben am Staatshaushalt (in %)	keine Angaben	21,5
Exporte (in Mrd. US$)	1,0*	30,3
Importe (in Mrd. US$)	1,2*	31,1
Auslandsverschuldung (in Mrd. US$)	1,8	45,3

* 1984

Quelle: Far Eastern Economic Review Asia 1986 Yearbook sowie eigene Berechnungen

Literaturhinweise

Amt für Nationale Wiedervereinigung:	Eine vergleichende Studie Nord- und Südkoreas, Seoul 1982.
An, Taisung:	North Korea in Transition, London 1983.
v. Barloewen, W.-D.:	Abriß der Geschichte außereuropäischer Kulturen II, München und Wien 1964.
Chon, Tukchu:	Südkorea in der geteilten Welt 1961–1976, München 1977.
Chung, Sanghoon:	The North Korean Economy, Stanford 1974.
Han, Wookeun:	The History of Korea, Seoul 1970.
Henderson, G.:	Korea: The Politics of the Vortex, Cambridge 1968.
Kim, Younsoo:	The Economy of the Korean Democratic People's Republic, Kiel 1979.
Kim, Jongmin:	Die Krisensequenzen und der Wandel des politischen Systems im Modernisierungsprozeß dargestellt am Beispiel Südkoreas, Frankfurt a. M. 1982.
Koller, J. M.:	Oriental Philosophies, New York 1985.
Korean National Commission for UNESCO:	Main Currents of Korean Thought, Oregon 1983.
dies.:	Korean Folklore, Oregon 1983.
Lewin, B.:	Der koreanische Anteil am Werden Japans, Opladen 1976.
ders.:	Geschichte Koreas, in: v. Barloewen, 1964, S. 199–239.
Nahm, A. C.:	North Korea, Michigan 1978.
Nohlen, D./Nuscheler, F.:	Handbuch der Dritten Welt, Bd. 8: Ostasien und Ozeanien, Hamburg 1983.
Park, Sungjo et al.:	Economic Development and Social Change in Korea, Frankfurt a. M. 1980.
Park, Sungjo:	Die Wirtschaftsbeziehungen zwischen Japan und Korea 1910–1968, Wiesbaden 1969.
Sperl, B.:	Tradition und Moderne in einem koreanischen Dorf, Wien 1974.
Wissinger, U.:	Geschichte und Religion Koreas im Spannungsfeld der großen Religionen und Reiche Ostasiens, Berlin 1984.

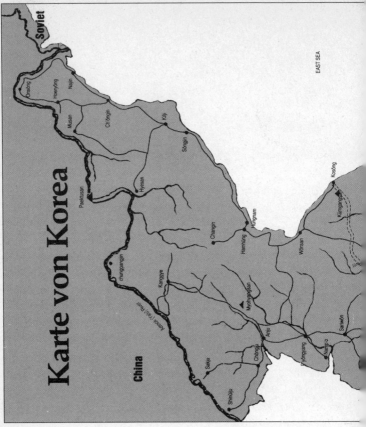

:::: Demarkationslinie zwischen
Nord- und Südkorea

— Autobahn

— Eisenbahn

▲ Landschaftliche Sehenswürdigkeit

Quelle:
International Cultural Society of Korea, Seoul

Aktuelle Länderkunden
in der Beck'schen Reihe

Politisches Lexikon Afrika, herausgegeben von Rolf Hofmeier/ Mathias Schönborn

Politisches Lexikon Asien und Südpazifik, herausgegeben von Werner Draguhn/Rolf Hofmeier/Mathias Schönborn

Bolivien, von Thomas Pampuch/Agustín Echalar A.

Brasilien, von Manfred Wöhlcke

China, von Oskar Weggel

Politisches Lexikon Europa, 2 Bände, herausgegeben von Robert K. Furtak

Frankreich 1, von Günther Haensch/D. Soulas de Russel/Alain Lory
Frankreich 2, in Vorbereitung

Kleines Frankreich-Lexikon, von Günther Haensch/Paul Fischer

Griechenland, von Baldur Bockhoff

Großbritannien 1, von Heinrich Händel

Großbritannien 2, von Isolde Friebel/Heinrich Händel

Indochina, von Oskar Weggel

Irland, von Manfred P. Tieger

Italien 1, von Carmine Chiellino

Italien 2, von Carmine Chiellino/F. Marchio/G. Rongoni

Japan, von Helmut Erlinghagen

Korea, von Hanns W. Maull/Ivo M. Maull

Kleines Österreich-Lexikon, von Susanna Gassner/Wolfgang Simonitsch

Politisches Lexikon Lateinamerika, herausgegeben von Peter Waldmann unter Mitarbeit von Ulrich Zelinsky

Politisches Lexikon Nahost, herausgegeben von Udo Steinbach/ Rolf Hofmeier/Mathias Schönborn

Nordamerika, Vereinigte Staaten und Kanada 1 und 2, von Helmut Riege

Portugal, von Gudrun und Alexander Decker

Sowjetunion 1 und 2, von Walter Feichtner/Bernhard Seyr

Spanien, von Werner Herzog

Türkei, von Faruk Şen

Buchanzeigen

Geschichte und Kultur des Fernen Ostens

Die Geschichte von Hang Tuah

Eine Erzählung aus dem 16. Jahrhundert über den malaiischen Volkshelden. Aus dem Malaiischen von Hans Overbeck. Mit einem Nachwort und Anmerkungen von Kurt Huber. 1986. 642 Seiten. Leinen (Orientalische Bibliothek)

Naoya Shiga
Erinnerung an Yamashina

Ausgewählte Kurzprosa
Herausgegeben und aus dem Japanischen übersetzt von Ruth Rau. 1986. 316 Seiten. Leinen (Orientalische Bibliothek)

Jonathan D. Spence
Das Tor des Himmlischen Friedens

Die Chinesen und ihre Revolution 1895–1980
Aus dem Englischen von Ulrike Unschuld
1985. 447 Seiten mit 46 Abbildungen. Leinen
„Literarisch und didaktisch sollte dieses Geschichtswerk Geschichte machen. Durch die kluge Verbindung von biographischen Porträts und Zeitgeschichte gelingt Spence ein historisches Panorama, das sich wie ein gut geschriebener Roman liest."
Bayerischer Rundfunk

Wolfgang Bauer (Hrsg.)
China und die Fremden

3000 Jahre Auseinandersetzung in Krieg und Frieden
1980. 274 Seiten mit 32 Abbildungen sowie 8 Karten und 2 Tabellen. Leinen. Beck'sche Sonderausgaben

Michio Morishima
Warum Japan so erfolgreich ist

Westliche Technologie und japanisches Ethos
Aus dem Englischen von Manfred Vasold
1985. 288 Seiten mit 8 Tabellen. Broschiert

Verlag C. H. Beck München

Probleme der Dritten Welt

Jahrbuch Dritte Welt 1987
Daten – Übersichten – Analysen
Herausgegeben vom Deutschen Übersee-Institut Hamburg
1987. 243 Seiten mit Karten, Abbildungen und Tabellen. Paperback.
Mit einem aktualisierten Gesamtverzeichnis aller bisher erschienenen Jahrbücher
BsR 327

Asit Datta
Ursachen der Unterentwicklung
Erklärungsmodelle und Entwicklungspläne
1982. 144 Seiten mit zahlreichen Abbildungen und 4 Karten. Paperback.
BsR 269

Peter J. Opitz (Hrsg.)
Die Dritte Welt in der Krise
Grundprobleme der Entwicklungsländer
2., aktualisierte Auflage. 1985
274 Seiten mit zahlreichen Abbildungen und Tabellen. Paperback. BsR 285

Wolfgang S. Heinz
Menschenrechte in der Dritten Welt
1986. 158 Seiten. Paperback. BsR 305

Klemens Ludwig
Bedrohte Völker
Ein Lexikon nationaler und religiöser Minderheiten
1985. 174 Seiten mit 10 Abbildungen. Paperback. BsR 303

Peter von Blanckenburg
Welternährung
Gegenwartsprobleme und Strategien für die Zukunft
1986. 249 Seiten mit 15 Schaubildern und 27 Tabellen. Paperback. BsR 308

Verlag C. H. Beck München